ESPIONS EN GUERRE

DE LA MÊME AUTRICE

Espions. Une histoire vraie, Paris, Tallandier, 2022.

Stéphanie Duncan

ESPIONS EN GUERRE

Illustrations d'Alizée De Pin

TALLANDIER

Ce livre est issu du podcast France Inter
Espions, une histoire vraie de Stéphanie Duncan
www.franceinter.fr

Illustrations : Alizée De Pin

48, rue du Faubourg-Montmartre – 75009 Paris
www.tallandier.com

Introduction

Lorsqu'on évoque la guerre, on pense aux combats sur le front, depuis les tranchées de Verdun à celles de l'Ukraine. Mais une autre guerre, tout aussi déterminante, se joue en coulisse : celle du renseignement. Derrière chaque bataille décisive se cachent des opérations clandestines, des échanges d'informations accélérés par des technologies de plus en plus sophistiquées… Surtout, des hommes et des femmes de chair et de sang, informateurs, saboteurs, tueurs, agents simples, doubles ou triples : les espions.

Si les soldats en uniforme gagnent ou perdent les batailles, les espions, des civils en apparence ordinaire, agissent dans l'ombre, et leurs actions, leurs actes de bravoure ou leurs arrangements avec la loi restent souvent méconnus.

L'espion n'est pas toujours un modèle de vertu. Sidney Reilly, espion britannique de légende, modèle du James Bond d'Ian Fleming, envoyé à Saint-Pétersbourg en 1917 pour faire revenir la Russie dans la guerre, est aussi un escroc et un assassin. L'Anglais Eddie Chapman, perceur de coffres-forts avant guerre, vend sans scrupule ses services aux Allemands en 1942, avant de se métamorphoser en loyal agent double pour son pays.

La plupart des espions dont je raconte ici les destins n'avaient pas prévu de devenir agents secrets : c'est le hasard de la guerre qui les a conduits sur cette voie inattendue et dangereuse. En 1917, Marthe Richard veut faire la guerre comme aviatrice mais, l'armée étant alors fermée aux femmes, c'est le Deuxième Bureau qui l'engage pour ce qui est encore traditionnellement la mission des espionnes : coucher avec l'ennemi. Quand, en juin 1940, André Dewavrin, 29 ans et futur colonel Passy, se voit confier par le général de Gaulle la mission de créer ses services secrets, il avoue avec effroi ne rien connaître au renseignement. C'est lui pourtant qui, pendant toute la guerre, avec talent et autorité, dirige le Bureau central de renseignements et d'action (BCRA*) de la France libre. La Polonaise Krystyna Skarbek mène une vie mondaine et insouciante lorsque son pays est envahi en 1939. Winston Churchill dira d'elle qu'elle est son « espionne préférée ». Pham Xuan An veut se battre les armes à la main pour l'indépendance du Vietnam. Sur ordre de ses chefs, il devient cependant espion, et même pendant plus de vingt ans la plus importante taupe communiste au Sud-Vietnam, à la barbe des Français puis des Américains. Ursula Kuczynski entre en espionnage par goût de l'aventure et par conviction communiste. Fidèle à Staline, cette mère de famille nombreuse contribue à fournir à l'Union soviétique le secret de l'arme nucléaire.

Pendant la guerre froide, certains espions ont empêché que la guerre devienne chaude. Les renseignements transmis à la CIA par l'officier polonais Ryszard Kuklinski

* Les mots et expressions signalés à la première occurrence par un astérisque sont rassemblés dans le lexique en fin d'ouvrage.

auraient permis à la Pologne, à l'Europe, voire au monde entier, d'échapper à une Troisième Guerre mondiale.

Si l'espionnage vise à informer, il peut aussi désinformer. Paul-Alain Léger est l'agent français qui a imaginé la Bleuite, l'opération d'intoxication la plus meurtrière de la guerre d'Algérie. Manipulation aussi de la Main rouge*, organisation criminelle qui en Afrique du Nord couvrait les opérations Homo commandées par l'État français à des tueurs comme Antoine Méléro.

L'espion roumain Matei Haiducu, lui, a refusé d'obéir quand le dictateur Ceausescu a donné l'ordre de tuer deux dissidents vivant en France. En contrepartie, il devra se cacher jusqu'à la fin de sa vie. Car l'espion aussi prend des risques. Et s'il est démasqué et arrêté, contrairement aux soldats, il n'est protégé par aucune convention de Genève. L'Israélien Eli Cohen, qui avait réussi à infiltrer le cœur du pouvoir en Syrie, a été jugé et pendu à Damas en 1965 ; les renseignements qu'il a fournis au Mossad* ont sans doute contribué à la victoire d'Israël lors de la guerre des Six Jours. L'Égyptien Ashraf Marwan, quant à lui, meurt dans des circonstances violentes non élucidées. En 1973, à la veille de la guerre du Kippour, il avait averti Israël de l'imminence d'une attaque surprise par l'Égypte et la Syrie.

Même s'il a le parfum de l'aventure, du secret et de la transgression, l'espionnage est bien une manière de faire la guerre, plus silencieuse mais tout aussi nécessaire que l'engagement du soldat. Souvent raillée, Marthe Richard l'avait bien compris : « Être espionne pendant la guerre, ce n'est pas, comme on l'imagine parfois, se lancer dans une aventure romanesque, jouer à la femme fatale, tourner les têtes. Être espionne, c'est d'abord servir. Terrible métier ! »

MARTHE RICHARD

1889-1982

Prostituée, aviatrice et espionne

Pour les Français,
Marthe Richard est d'abord
celle qui est à l'origine de la loi
de 1946 qui portera son nom,
ordonnant la fermeture
des maisons closes. Régulièrement
moquée, décriée notamment
par les nostalgiques des bordels,
celle que l'on surnommait
« la Veuve qui clôt » avait été
espionne pendant la Première
Guerre mondiale.

Marthe Richard a derrière elle une longue vie d'aventures ; certaines heureuses, d'autres moins. Certaines reconnues, d'autres restées longtemps secrètes et taboues. Un épisode de sa vie que les Français connaissent bien d'elle, ou du moins le croient-ils : Marthe Richard, espionne pendant la Première Guerre mondiale. Ils le savent grâce au film de Raymond Bernard sorti en 1937 *Marthe Richard, au service de la France*. La pétillante Edwige Feuillère incarne la jeune patriote qui propose ses services au contre-espionnage pour venger ses parents fusillés par des Allemands. Elle accepte de se rendre en Espagne et de devenir la maîtresse de l'attaché naval allemand en poste à Madrid, un Prussien vieux et laid. De même que le poilu donne son corps dans les tranchées, l'espionne accepte ce sacrifice pour la patrie. Ce film est très édulcoré, inspiré des mémoires très fantaisistes que Marthe Richard a publiés deux ans plus tôt, ainsi que de ceux, non moins fantaisistes, du capitaine Ladoux, le chef du service de contre-espionnage français pendant la Première Guerre mondiale.

Dans les années 1930, ce portrait héroïque et très médiatisé contribue grandement à la notoriété, voire à la légende de l'ex-espionne, femme audacieuse et opportuniste, qui saura en tirer profit par la suite. Au-delà de la légende, qui est la véritable espionne Marthe Richard ?

L'historien Christophe Betenfeld, arrière-petit-neveu de Marthe Richard, qui a consacré sa thèse de doctorat à son illustre aïeule, a apporté de nombreux éléments nouveaux sur son activité d'espionnage. Première chose : Marthe ne s'appelle pas vraiment Richard. Ce nom qu'elle gardera jusqu'à la mort est une des inventions du capitaine Ladoux pour son livre, inspiré de son nom de femme mariée, Richer, qui à ses oreilles sonnait mal.

Marthe Betenfeld (son nom de naissance) naît en 1889 en Lorraine, côté français. Comme, en 1870, la France perd une grande partie de l'Alsace-Lorraine, la petite fille est élevée dans la haine de l'Allemagne. Ce patriotisme ne la quittera pas.

Marthe grandit dans une famille pauvre et peu aimante. À 13 ans, elle quitte l'école pour devenir couturière. La jeune fille s'ennuie et rêve d'aventure. Sa première histoire se présente sous les traits d'un Italien rencontré au bal. Lui promettant l'amour éternel, le bel Antonio l'entraîne à Nancy où… il la met sur le trottoir. Marthe a 16 ans quand elle devient prostituée. À Nancy, ville de garnison, la clientèle ne manque pas. Toute sa vie, Marthe tentera de faire oublier ce passage sinistre de sa jeunesse. Elle n'obtiendra cependant jamais la radiation du fichage de la police qui la marquera au fer rouge toute sa vie.

Pour l'heure, Marthe est enfermée dans une prison pour filles de mauvaise vie tenue par des religieuses… La rebelle s'évade et décide de tenter sa chance à Paris.

En 1907, Marthe se fait embaucher comme blanchisseuse près des Halles. Un jour, elle rencontre un homme qui change sa vie. Henri Richer, de dix ans plus âgé qu'elle, est courtier en assurances. Vraiment épris de la jeune femme, il l'emmène dans les bons restaurants, partage avec elle son goût des belles voitures et bientôt des avions : l'aviation devient pour Marthe une véritable passion. Elle prend des leçons de pilotage et ne quitte plus les aérodromes. En 1914, tout semble aller bien pour Marthe. Elle est aviatrice et vit avec l'homme qu'elle aime. Mais rien ne se passera comme prévu.

Henri part sur le front. Avant son départ, les deux amoureux se marient. Déterminée à se rendre utile, Marthe Richer propose ses services à l'armée comme aviatrice, mais l'état-major refuse. La guerre n'est pas une affaire de femmes. Pour les Françaises, en temps de guerre, il n'y a alors que deux options : devenir infirmière ou ouvrière à fabriquer des obus. À moins qu'il n'y en ait une troisième…

Marthe, qui ronge son frein, passe son temps sur les aérodromes à admirer les avions ! Son comportement, en 1915, intrigue le renseignement français. Cette femme ne serait-elle pas une espionne allemande ? Le capitaine Ladoux, qui dirige le Deuxième Bureau, c'est-à-dire le contre-espionnage de l'armée, ordonne une enquête sur elle, enquête qui l'innocente. Ladoux a une idée. En mars 1916, il invite Marthe dans les locaux du Deuxième Bureau, 282, boulevard Saint-Germain à Paris. Impressionné par la personnalité de la jeune femme, il lui propose de travailler pour lui en

« Ma décision était prise.
Je me sentais incapable
de vivre désormais
à regarder les heures.
La guerre continuait.
La guerre exigeait.
Je retournai au Deuxième
Bureau, en créature résignée,
prête à supporter injustice
et soupçons pour qu'on offre
à mes qualités mésestimées
un rôle. »

MARTHE RICHARD,

Ma vie d'espionne.
Au service de la France, 1935.

dénonçant des espions contre 25 000 francs par agent. Elle demande à réfléchir en précisant que, si elle accepte, sa décision ne sera pas motivée par l'argent.

Le contre-espionnage est donc prêt à recruter des femmes alors qu'elles sont interdites dans l'armée active, et le resteront jusqu'en 1972. Depuis 1914, les Français ont pris conscience de leur retard en matière de renseignement militaire. Ladoux est chargé de recruter et de diriger des espions, mais aussi des espionnes. C'est lui qui, en septembre 1916, recrute la célèbre danseuse exotique Mata Hari. En France, l'espionne conserve l'image d'une femme de petite vertu, alternativement sotte ou diabolique, prête à coucher pour parvenir à ses fins.

Avant d'accepter la proposition de Ladoux, Marthe Richer souhaite en parler à son mari. Mais le 25 mai 1916, Henri est tué non loin de Verdun. Mue par un désir de vengeance, Marthe fait une réponse positive au Deuxième Bureau.

Pour sa première mission d'espionnage, Ladoux l'envoie en Espagne. Marthe communique avec lui par des lettres en apparence banales où, entre les lignes, un texte invisible a été rajouté, écrit à l'encre sympathique à base d'antipyrine. Si l'Espagne est officiellement restée neutre dans le conflit, le pays n'en est pas moins une plaque tournante de l'espionnage pendant la Première Guerre mondiale. Marthe Richer y est chargée de séduire le baron Hans von Krohn, le chef à Madrid du renseignement naval allemand. Ce partisan de la guerre à outrance est responsable de la sécurité des sous-marins allemands.

Les alliés savent que les Allemands utilisent clandestinement les ports espagnols pour le ravitaillement de leurs sous-marins. Avec leurs *Unterseeboot* (U-Boot), les Allemands ont pour objectif de couper les alliés franco-britanniques de leurs approvisionnements venant des colonies.

En juillet 1916, Marthe Richer débarque à Saint-Sébastien, élégante cité balnéaire sur la côte atlantique. Elle descend au Continental Palace, l'hôtel le plus luxueux de la ville. Pendant plusieurs semaines, ombrelle à la main, l'élégante espionne fréquente les lieux à la mode : restaurants, hippodrome, billard, casino. Comme prévu, dans sa tenue de deuil, la jolie veuve intrigue.

Enfin, un individu aborde la jeune femme et finit par lui proposer de travailler pour le renseignement allemand. Elle accepte. Quelques jours plus tard, une imposante Mercedes s'arrête devant le Continental Hôtel et embarque la jeune femme. Bien joué. Car l'Allemand qui l'attend sur la banquette arrière, grand, maigre, sévère derrière ses lunettes noires, n'est autre que le baron von Krohn. Devant le maître-espion, qui se révèle vite très entreprenant, Marthe joue la veuve éplorée. Elle lui raconte qu'elle a besoin de beaucoup d'argent et qu'elle est prête à tout pour en gagner.

En échange de 3 000 pesetas, von Krohn demande à Marthe de rentrer en France pour recueillir du renseignement sur le moral des civils, les emplacements de la défense anti-aérienne en région parisienne et les impacts des bombardements allemands. Marthe accepte.

Von Krohn fournit à sa nouvelle espionne du matériel pour correspondre secrètement avec lui. De l'encre sympathique toujours, mais cette fois à base de *collargol* un procédé inconnu en France. La Mercedes ramène la veuve à son hôtel.

Désormais agente double, Marthe Richer retourne en France comme le lui a demandé von Krohn. À peine est-elle à Paris qu'elle fait son rapport au capitaine Ladoux. Aux anges, le chef du contre-espionnage la félicite. Elle a réussi à se faire embaucher par von Krohn et, en plus, elle rapporte la formule du *collargol* ! Quand Marthe, très émue, annonce qu'elle ne veut pas repartir en Espagne car elle redoute les avances de von Krohn, Ladoux explose de colère et se fait menaçant : « Si vous refusez de servir votre patrie, je vous fais jeter en prison, comme espionne pour l'Allemagne. »

Comprenant qu'elle est piégée, Marthe Richer, la mort dans l'âme, retourne en Espagne, munie de faux renseignements à fournir à von Krohn et… prête à donner son corps pour la patrie. Quand elle retrouve le baron à l'hôtel, elle s'enivre au champagne pour surmonter l'épreuve. Dans ses mémoires, l'espionne donne plusieurs versions de cette première nuit avec von Krohn. L'une d'elles est le récit d'un viol.

La mission « patriotique » est accomplie : von Krohn, homme marié, ne peut plus se passer de sa maîtresse et espionne – nom de code S32 pour les Allemands –, qu'il couvre de fleurs et de cadeaux. Pour conserver sa confiance, Marthe lui apporte des informations – bien sûr fausses ou périmées – fournies par Ladoux : des bombardements à Nancy ou près de Paris, des usines de tanks en construction au Havre, des mouvements de troupes en Lorraine…

Inversement, quand von Krohn déchiffre des messages codés ou qu'il reçoit un de ses agents, Marthe est aux aguets. Dès qu'elle le peut, elle communique à Ladoux ce qu'elle vient d'apprendre. Ces renseignements sont souvent précieux. Fin 1916, par exemple, Marthe informe Ladoux que les Allemands préparent une nouvelle offensive avec leurs U-Boot, offensive qui a bien lieu le 9 janvier 1917.

Ladoux en veut toujours plus. Il sait que les Allemands empruntent un chemin clandestin pour traverser les Pyrénées et entrer en France. Marthe est chargée de le découvrir. Elle a l'idée de faire croire à von Krohn qu'elle est enceinte de ses œuvres et qu'elle doit se faire avorter d'urgence. Pas en Espagne, car elle n'a pas confiance, mais en France. Von Krohn fait escorter la fausse femme enceinte par le chemin secret des Allemands. Encore un succès pour l'espionne.

Bientôt, von Krohn envoie Marthe sur une mission délicate. En mai 1917, elle embarque à Cadix sur un cargo en route pour l'Argentine. Dans son sac, l'agente double emporte des lettres destinées à l'attaché naval allemand de Buenos Aires, mais aussi, plus étrange, des boîtes contenant des charançons vivants. Ces insectes, réputés pour se reproduire à grande vitesse, sont aussi de redoutables dévoreurs de céréales. L'espionne, à son arrivée à Buenos Aires, est chargée de remettre ces boîtes à l'attaché naval qui, discrètement, devra répandre les insectes dans les chargements de céréales argentins en partance pour la France et le Royaume-Uni. Le but est bien sûr de ruiner les cargaisons de céréales. Tous les moyens sont bons pour gagner la guerre, même l'emploi d'une arme biologique.

Encore une fois, on peut saluer le courage de l'espionne. Elle réussit à faire capoter le plan de von Krohn en laissant les charançons mourir dans leurs boîtes avant l'arrivée à Buenos Aires. Elle a l'audace, à son retour en Espagne, d'affronter von Krohn. Par chance, l'Allemand, visiblement amoureux, ne lui tient pas grief de cet échec et, surtout, ne se méfie pas d'elle.

Von Krohn a tellement confiance en sa maîtresse qu'en juin 1917, il n'hésite pas à l'emmener à Cadix visiter un U-Boot qui mouille clandestinement dans la rade. L'image est stupéfiante : l'espionne française trinquant au champagne avec le commandant d'un sous-marin ennemi, et qui, sous l'apparence frivole d'une courtisane, tâche, mine de rien, de mémoriser tout ce qu'elle voit. Rentrée à l'hôtel, elle s'empresse d'envoyer à Ladoux des renseignements techniques précis sur ce sous-marin dernier modèle dans un message à l'encre sympathique.

Décidément courageuse et efficace, Marthe Richer compte bien poursuivre ses missions, mais un événement en décide autrement : le 7 juillet 1917, sur une route espagnole, elle est victime avec von Krohn d'un accident de voiture sans gravité mais qui, rapporté par la presse espagnole, est repris par les journaux français. À la une de *L'Action française*, le très nationaliste Léon

Daudet, criant au scandale, se demande ce que cette Française fabriquait en Espagne avec un attaché naval allemand.

À l'été 1917, le contexte en France est électrique. Sur le front, après la défaite à la bataille du Chemin des Dames, l'armée connaît d'importantes mutineries. À Paris se tient le procès de Mata Hari, la danseuse néerlandaise accusée d'espionnage au profit de l'Allemagne, qui sera condamnée à mort et fusillée le 15 octobre.

En pleine chasse aux traîtres, cette Marthe Richer qui fricote avec un Allemand aura vite fait de passer pour une nouvelle Mata Hari.

Ladoux réussit tant bien que mal à étouffer l'affaire et à sauver l'honneur de Marthe. Mais pour lui, l'espionne est grillée. Marthe pourtant, toujours intrépide, trop sans doute, conçoit le plan de voler les papiers contenus dans le coffre-fort de von Krohn. Ladoux refuse : c'est trop risqué.

Marthe, qui n'en peut plus de sa liaison forcée avec l'officier allemand, décide de mettre fin à sa mission et de rentrer en France. Avant cela, souhaitant se venger, elle prend le temps d'informer les supérieurs allemands de von Krohn que ce dernier a eu une liaison pendant un an et demi avec une espionne française. Cette révélation conduit à la disgrâce de von Krohn.

Le 11 novembre 1918, quand la Première Guerre mondiale se termine enfin, l'ex-espionne éprouve fierté et soulagement : « À la tristesse d'avoir perdu mon mari se mélangeaient le soulagement d'en avoir terminé avec un jeu dangereux et la fierté d'avoir peut-être contribué à la victoire. »

La jeune veuve qui, en mai 1916, pleine d'ardeur patriotique, s'était engagée dans l'espionnage à défaut de l'aviation, qui avait accepté de coucher avec l'ennemi, se retrouve à la fin de la guerre seule et sans emploi, ne bénéficiant d'aucune reconnaissance du contre-espionnage français qui l'a ni plus ni moins abandonnée. Le retour à la vie civile, dite normale, est difficile, comme c'est souvent le cas pour les espions.

Dotée d'une étonnante énergie, Marthe Richer connaît pourtant plusieurs autres vies. Par son mariage avec un Anglais, elle devient la respectable Mme Crompton. Lorsque son second mari meurt, Marthe, à nouveau veuve, renoue avec la célébrité en publiant ses mémoires sous le nom de Marthe Richard. Le livre est un best-seller, transposé au cinéma en 1937. Marthe Richer, désormais Marthe Richard pour toujours, profite de sa célébrité : ses services rendus à la France sont enfin reconnus en 1933, quand elle est décorée de la Légion d'honneur.

En 1939, quand la Seconde Guerre mondiale débute, Marthe Richard propose à nouveau ses services au Deuxième Bureau, qui refuse : la dame est trop connue. Marthe Richard va traverser les années d'Occupation tant bien que mal.

Des années après la guerre, elle est accusée par ses détracteurs d'avoir collaboré avec l'occupant, mais aucune preuve ne vient corroborer ces accusations. Au printemps 1944, Marthe Richard, âgée maintenant de

55 ans, s'engage dans un mouvement de Résistance et participe avec enthousiasme à la Libération de Paris. C'est portée par cette vague qu'elle s'engage en politique, alors qu'enfin les Françaises peuvent voter et se faire élire.

Au printemps 1945, Marthe Richard est élue au Conseil de Paris. Désormais conseillère de la ville, l'ex-prostituée et ex-espionne mène son nouveau combat, qui la conduira de nouveau à la célébrité : la fermeture des maisons closes. La loi est votée en 1946.

Marthe Richard, devenue « la Veuve qui clôt », sera régulièrement interviewée dans la presse et à la télévision dans les années 1960-1970 pour parler de la prostitution, mais aussi de son passé d'espionne pendant la Première Guerre mondiale, parfois devant un parterre de messieurs incrédules, voire goguenards. Le cliché de l'espionne aux mœurs légères a décidément la vie dure. Marthe Richard contestera toujours cette image avec virulence. L'ex-espionne a conscience qu'il s'en est fallu de peu qu'elle connaisse le sort de Mata Hari, fusillée en 1917 pour espionnage. Marthe Richard meurt en 1982 à l'âge de 92 ans.

SIDNEY REILLY

1874-1925

Escroc, polygame et espion de Sa Majesté

Cet agent britannique
est devenu un mythe de l'espionnage.
Cet « As des espions »
aurait inspiré le personnage
de James Bond. Comme
l'agent 007, Sidney Reilly réussit
toutes ses missions, est partout
où on ne l'attend pas, échappe
à des situations inextricables.
Et, comme lui, c'est un séducteur.

Sidney Reilly, dit-on, possédait 11 passeports. Il était un roi du pas de côté, proposant ses services au plus offrant, que ce soit le Japon, l'Allemagne ou la Russie. Personnage paradoxal, Sidney Reilly était doué et apprécié, mais aussi authentique escroc et même criminel. Il était prêt à tout pour l'argent, sa principale motivation. Escroquer, arnaquer… et même le pire : tuer !

Envoyé aux quatre coins du monde, en Russie, en Mandchourie, en Allemagne déguisé en ouvrier, sur la Riviera grimé en curé, cet espion inventif, courageux et pragmatique, l'un des premiers agents du Secret Intelligence Service (SIS*), s'est illustré dans la guerre russo-japonaise et dans la Première Guerre mondiale, puis en 1918 quand il a été envoyé à Petrograd, comme on appelle alors Saint-Pétersbourg, pour faire revenir la Russie dans la guerre auprès de ses alliés. Sidney Reilly a même été impliqué dans une tentative d'assassinat de Lénine, qui fut un échec. On le verra, les Soviétiques ne le lui pardonneront pas…

Il n'est pas aisé de retracer la vie de cet homme, qui n'a cessé de multiplier les identités et de mentir sur son passé. Le plus souvent, Sidney Reilly affirme qu'il est irlandais. Né à Dublin ou à Tipperary, il dit être le fils d'un capitaine, quand ce n'est pas d'un clergyman.

Selon les situations, il dit aussi que son père était un aristocrate russe ayant ses entrées à la cour du tsar.

Par chance, les nombreux historiens qui, depuis un siècle, se penchent sur ce curieux personnage ont fini tant bien que mal par démêler le vrai du faux, et d'abord son identité. Sidney Reilly est le nom qu'il portera toute sa vie, mais c'est un nom d'emprunt. À sa naissance, il s'appelle Shlomo Rosenblum. Il serait né vers 1874 dans une famille juive d'Ukraine et aurait grandi à Odessa, grand port sur la mer Noire. Quant à son éducation, il affirmera toujours être parti en Autriche, à Vienne, pour y étudier la chimie. Un joli roman qu'aucune preuve ne vient étayer.

Nous avons une seule certitude : en 1895, Shlomo Rosenblum, alors âgé de 20 ans, doit quitter précipitamment l'Empire russe dont fait alors partie l'Ukraine. Le jeune homme, mêlé semble-t-il à des actions d'étudiants radicaux, est sur le point d'être arrêté par l'Okhrana*, la police secrète du tsar, quand il réussit à rejoindre la France, alors terre de refuge des exilés russes, qu'ils soient politiques ou juifs victimes de pogroms. Au bout de quelques mois dans son pays d'accueil néanmoins, Shlomo Rosenblum, soupçonné de meurtre, doit à nouveau fuir.

En 1896, il commence une nouvelle vie en Angleterre. Lui qui ne possède aucun diplôme ouvre à Londres une pharmacie à l'enseigne Rosenblum & Company. En guise de chimie, le faux pharmacien s'occupe surtout de fabriquer et de vendre de prétendus médicaments miracles. Cette activité ne lui suffit pourtant pas et il a besoin de plus d'argent. C'est l'espionnage qui lui en fournira. Il devient d'abord l'indic d'un policier de Scotland Yard,

William Melville, un fin limier qui le paie pour surveiller les révolutionnaires russes émigrés à Londres.

Dans la capitale anglaise, Shlomo Rosenblum fait une autre rencontre décisive, et même fructueuse, celle du révérend Thomas et de sa jeune épouse Margaret, qui très vite tombe dans les bras de l'irrésistible Rosenblum. Mince, toujours élégant, cheveux noirs tirés en arrière, regard de braise, Rosenblum, très sûr de lui, a le charme ténébreux d'un danseur de tango ou d'un parrain de la mafia.

Coup de théâtre : le 12 mars 1898, le vieux révérend est retrouvé mort dans son lit. Ceci explique-t-il cela ? Quelques jours auparavant, le mari attentionné avait établi un testament en faveur de sa jeune épouse. La veuve, qui hérite d'une jolie fortune, organise l'enterrement en hâte sans laisser le temps qu'une autopsie soit effectuée. Cinq mois plus tard, Shlomo et Margaret se marient. Pour l'instant, leur bonheur semble parfait.

Rosenblum apprend alors que l'Okhrana est à ses trousses à Londres. William Melville, qui tient à son meilleur agent, décide de le mettre au vert. Il fait changer son identité, trop voyante. Shlomo Rosenblum prend alors le nom de jeune fille de sa femme – Reilly, typiquement irlandais – et un prénom, Sidney, qui lui permet de garder ses initiales d'origine. Ce changement d'identité est officialisé par un vrai passeport britannique. Enfin, Melville envoie son agent en mission très loin de l'Angleterre. Sidney Reilly et Margaret embarquent pour l'Extrême-Orient et arrivent en 1891 à Port-Arthur, en Mandchourie. Surnommée la Gibraltar de l'Extrême-Orient, Port-Arthur appartient alors et depuis trois ans à l'Empire russe. Cette base navale hautement stratégique est convoitée par l'autre grande puissance régionale, le Japon. Entre les deux pays, l'imminence d'une guerre ne fait pas de doute.

Sidney Reilly reste quatre ans à Port-Arthur où, en guise de couverture, il exerce le métier de négociant en bois et en armes. Sa mission secrète est de recueillir des renseignements sur la base russe. En janvier 1904, il réussit à en voler les plans de défense ultrasecrets, qu'il transmet bien sûr aux Britanniques, mais aussi – et c'est plus surprenant – aux Japonais !

Dans la nuit du 8 au 9 février 1904, la flotte japonaise lance une attaque surprise sur Port-Arthur, grâce aux plans volés par Reilly qui leur permettent de naviguer en échappant aux mines qui protègent la base. C'est le début d'un siège qui durera sept mois, et de la guerre russo-japonaise, très meurtrière, qui se terminera un an et demi plus tard par la victoire du Japon. Ce dernier obtient alors Port-Arthur et sa région, mais aussi la Corée et l'île de Sakhaline.

Pourchassé par les Russes qui suspectent son rôle dans la chute de Port-Arthur, Sidney Reilly rentre précipitamment en Europe en compagnie d'une maîtresse. Cela fait quelques mois que Margaret est rentrée en Angleterre, lassée des incartades de son mari volage.

Arrivé à Paris en juin 1904, l'espion retrouve avec plaisir son vieil ami William Melville, de passage en France. Le chef du renseignement britannique, qui ne l'a pas oublié, lui confie une nouvelle tâche délicate et stratégique : la mission d'Arcy.

En ce tout début du XXe siècle, le gouvernement britannique prend conscience que l'énergie du futur est le pétrole, une matière première que, contrairement au charbon, la Grande-Bretagne ne produit pas. Il est donc vital d'assurer à son économie des approvisionnements importants et réguliers. Dans ce contexte, Londres apprend qu'un jeune milliardaire anglo-australien, William d'Arcy, vient de négocier les droits d'une concession de pétrole en Iran. Pour Londres, il est urgent d'inciter d'Arcy à vendre son pétrole aux Britanniques et non à la France, représentée par la banque Rothschild qui, au même moment, fait les yeux doux au milliardaire. Melville et son agent Reilly sont donc chargés d'inciter le milliardaire à faire affaire avec les Britanniques. Se faisant passer pour de simples touristes, les deux espions quittent Paris pour la Côte d'Azur, où séjournent William d'Arcy et Alphonse de Rothschild.

Des années plus tard, Sidney Reilly racontera la méthode qu'il employa, à Cannes, pour approcher d'Arcy. Déguisé en prêtre catholique, sous le prétexte de collecter des dons pour une organisation caritative, il aurait réussi un soir à s'introduire sur le yacht des Rothschild qui y donnaient une réception. Le faux prêtre-vrai espion aurait alors entraîné d'Arcy dans un coin du yacht et l'aurait convaincu de faire affaire avec les Britanniques. On a du mal à croire ce récit rocambolesque. Il est plus probable que Melville ait été à la manœuvre, mais une chose est certaine : Reilly séjournait bien à Cannes avec son ami.

Les Britanniques s'intéressent alors aussi de près à la politique de réarmement de l'Allemagne de Guillaume II, qui ne cache pas ses ambitions belliqueuses. En 1909, le tout nouveau SIS créé par William Melville envoie en Allemagne son meilleur agent (qui a l'avantage de parler allemand) obtenir du renseignement. Avant de partir, Reilly s'exerce à la soudure dans une usine anglaise. À son arrivée à Essen, dans la Ruhr, l'espion, en casquette et bleu de travail, devient ouvrier soudeur à l'usine Krupp, sous le nom de Karl Hahn. Pour mener à bien sa mission, Reilly a l'idée de se faire engager dans la brigade de pompiers de l'usine et de suggérer que des plans indiquant l'emplacement des extincteurs en cas d'incendie soient établis. Ces documents lui permettront surtout de situer les lieux de fabrication des différents armements. Le contremaître accepte mais, prudent, garde les plans de l'usine dans son bureau. Une nuit, Reilly en crochète la serrure et, alors qu'il s'apprête à voler les plans, se fait surprendre par le contremaître. Reilly se jette alors sur l'homme, l'étrangle, s'empare des plans, quitte précipitamment l'usine et monte dans un train. Il réussit à rejoindre l'Angleterre et à livrer ces précieux documents à Melville. Mission accomplie.

En 1912, Sydney Reilly vit en Russie. Toujours espion, mais surtout homme d'affaires, il mène la belle vie à Saint-Pétersbourg avec sa nouvelle épouse Nadedja Zalessky, sans avoir pris la peine de divorcer de Margaret.

Le 28 juin 1914, Sidney Reilly est en vacances sur la Riviera quand l'archiduc François-Ferdinand, l'héritier du trône d'Autriche-Hongrie, est assassiné à Sarajevo. L'espion se dépêche de rentrer en Russie. L'heure est grave. En l'espace de six semaines, l'attentat déclenche la Première Guerre mondiale. Pour Sidney Reilly, âgé maintenant de 40 ans, cette guerre est surtout l'occasion inespérée de faire fortune, moins dans l'espionnage que dans la vente d'armes. Il achète sa marchandise aux États-Unis pour la vendre aux belligérants : la Russie bien sûr, alors alliée de la France et du Royaume-Uni, mais aussi leur ennemi, l'Allemagne. Ce commerce devient moins rentable en avril 1917, quand les États-Unis entrent en guerre. Désormais, la vente d'armes américaines à l'ennemi allemand est interdite. C'est une grosse perte pour Sidney Reilly. Un second événement, la même année, lui fait perdre un autre gros marché, la Russie.

L'Empire russe est engagé depuis le début de la guerre avec ses alliés français et britanniques, prenant en tenaille les empires allemand et autrichien. Côté russe, les défaites s'accumulent ainsi que les lourdes pertes humaines et territoriales, tandis que l'armée est minée par les désertions et les mutineries. En février et mars 1917, la révolution balaie le pouvoir du tsar qui abdique. Pour le plus grand soulagement des alliés, le gouvernement provisoire, dominé par Alexandre Kerenski, déclare vouloir poursuivre la guerre. En octobre 1917, profitant de la faiblesse du gouvernement provisoire, les bolcheviques s'emparent du pouvoir à Petrograd.

Un des premiers décrets signés par Lénine appelle à mettre fin aux combats au plus vite. Ainsi, le 3 mars 1918, le traité de Brest-Litovsk est signé entre l'Empire allemand et la République bolchevique, un accord très avantageux pour l'Allemagne.

Libérés de leur front oriental, les Allemands peuvent concentrer leurs forces à l'Ouest. Fragilisés, les Alliés veulent à tout prix empêcher le retrait russe de la guerre et empêcher que la révolution communiste ne se propage en Europe.

Pendant ce temps, à New York, Sidney Reilly ne peut plus vendre d'armes à la Russie. En 1918, il se met en tête de reprendre du service dans le renseignement britannique. Arrivé à Londres, Reilly se rend à Whitehall Court, le bâtiment du SIS. Au dernier étage, il trouve le bureau de celui qui a pris la succession de Melville, Mansfield Cumming. Cet étonnant personnage inspirera à Ian Fleming celui de « M », le chef de James Bond. Cette personnalité fantasque est aussi un maître-espion très efficace : pendant la Première Guerre mondiale, il arrête 22 agents allemands qui espionnaient en Angleterre.

Reilly fait une impression mitigée à Cumming, mais comme le chef du SIS est pressé d'obtenir du renseignement en Russie, et que les agents parlant le russe sont rares, il l'engage. Reilly prête serment au SIS. Fini le temps de l'espionnage au coup par coup. Grassement payé, Reilly est maintenant un espion à plein temps, espion de Sa Majesté.

Entre-temps, le SIS demande à Dublin de vérifier l'état-civil de Reilly, qui affirme être né en Irlande. Les Irlandais répondent n'avoir trouvé aucune trace de lui dans les registres, mais trop tard. Reilly a déjà embarqué pour la Russie.

En avril 1918, l'espion arrive à Petrograd, où il prend contact avec Bruce Lockhart, un diplomate britannique qui a été envoyé en Russie quelques mois plus tôt pour tenter de convaincre les bolcheviques de poursuivre la guerre. Maintenant que le traité de Brest-Litovsk a été signé, Lockhart et Reilly comprennent qu'il faut passer à la vitesse supérieure : faire tomber Lénine.

« Sidney Reilly
était un homme
d'une grande énergie
et d'un charme particulier,
très attirant
pour les femmes
et très ambitieux.
Je n'avais pas une très haute
opinion de son intelligence.
En revanche, son courage
et son indifférence au danger
étaient remarquables. »

BRUCE LOCKHART.

Avec la bénédiction et le financement de Londres, la tentative de renversement du gouvernement bolchevique qu'on appellera « le complot des ambassadeurs » est considérée comme l'exploit le plus audacieux de Sidney Reilly et de Bruce Lockhart, même si ce dernier, des années plus tard, en rejettera toute la responsabilité sur Reilly.

Sidney Reilly a la mission très périlleuse d'établir des contacts dans les cercles antibolcheviques qui existent encore en Russie, alors en pleine guerre civile. Grâce à de faux papiers, l'espion britannique se fait passer pour un agent de la Tchéka*, la police politique soviétique, ce qui lui permet de circuler librement. En mai 1918, Il rencontre Boris Savinkov, un ancien ministre du gouvernement Kerenski, devenu un opposant virulent des bolcheviques.

En juin, les Britanniques apprennent que de plus en plus de fusiliers lettons sont mécontents du pouvoir. Commandés par le colonel Berzine, ces régiments sont réputés pourtant s'être rangés derrière les bolcheviques, dont ils forment la garde prétorienne. En étroite collaboration avec Francis Cromie, l'attaché naval britannique à Petrograd, Reilly organise des rencontres secrètes avec les fusiliers lettons pour planifier le coup d'État. Le complot a un coût. Reilly affirme dépenser plus d'un million de roubles pour corrompre les soldats.

Le coup d'État est prévu pour le 6 septembre, à Moscou, au théâtre Bolchoï qui, ce jour-là, doit accueillir le conseil des Commissaires du peuple et du soviet de Moscou, en présence de Lénine et de Trotski que les comploteurs entendent capturer et, s'il le faut, assassiner.

Une semaine avant, deux attentats totalement inattendus anéantissent ce scénario. Le 30 août 1918, le chef de la Tchéka de Petrograd est assassiné. Le même jour, une jeune militante socialiste-révolutionnaire, Fanny Kaplan, tire à deux reprises sur Lénine. Gravement blessé, le leader bolchevique échappe de peu à la mort. Ces attentats n'ont rien à voir avec le complot de Reilly et Lockhart, mais la riposte des bolcheviques est immédiate et terrible. Des milliers d'opposants, réels ou supposés, sont arrêtés, massacrés ou envoyés dans des camps. C'est le début de la « Terreur rouge ».

Le lendemain, un détachement de la Tchéka chargé de nettoyer les « nids de conspirateurs » attaque le consulat britannique. L'attaché naval Francis Cromie est abattu en tentant de s'interposer. Bruce Lockhart est arrêté et conduit à la Loubianka, la prison de la Tchéka. Interrogé, il nie l'existence d'un complot. L'Anglais s'attend à être fusillé. Finalement libéré, il est échangé contre un attaché soviétique arrêté à Londres. La plupart des personnes impliquées dans le complot sont emprisonnées, torturées et exécutées.

Comment la Tchéka a-t-elle eu vent du projet de coup d'État ? Il est possible que Berzine, le commandant des fusiliers lettons, ait fait semblant de s'allier aux conspirateurs et ait informé la Tchéka.

Et Sidney Reilly, où est-il ? Dès le 1er septembre, la presse russe ne parle que du « complot Lockhart » et présente l'espion comme l'un des principaux comploteurs. La Tchéka le recherche partout, nuit et jour. Dans les rues de Petrograd, sa photo est placardée avec

« Ma première impression
de Sidney Reilly
a été désagréable. Ses yeux
sombres exprimaient
quelque chose de mordant
et de cruel ; sa lèvre inférieure
tombait profondément
et était trop lisse,
ses cheveux noirs trop bien
coiffés, son costume
d'une élégance ostentatoire…
Tout dans ses manières
exprimait une indifférence
hautaine à son environnement. »

ALEXANDRE ALEXANDROVITCH
IAKOUTCHEV,

agent de la Tchéka.

la promesse d'une récompense. Encore une fois, il est introuvable. On l'apprendra plus tard, grâce à un faux passeport et un énième déguisement, l'espion a rejoint l'Angleterre, *via* les pays Baltes, la Finlande et la Suède.

En décembre 1918, Reilly apprend qu'un tribunal révolutionnaire russe l'a condamné à mort par contumace, et que la peine sera exécutée immédiatement s'il est appréhendé sur le territoire russe. Cette menace n'arrête pas l'espion ni le renseignement britannique qui, en 1925, renvoie Sidney Reilly en Russie pour organiser la résistance contre le gouvernement bolchevique dirigé maintenant par Staline, qui a succédé à Lénine.

Reilly ignore encore qu'il va bientôt être victime d'une des plus magistrales opérations de désinformation de l'histoire de l'espionnage : l'opération Trust. Il s'agit d'un faux réseau d'opposition mis en place par la Guépéou, le nouveau nom de la Tchéka, qui cherche à identifier et à neutraliser les opposants au régime soviétique, et à piéger les espions étrangers qui voudraient les aider. Cette organisation Trust prétend regrouper des monarchistes antibolcheviques, prêts à coordonner un soulèvement avec l'aide des Britanniques et des Russes blancs exilés.

En septembre 1925, Sidney Reilly se rend en Finlande, à la frontière avec la Russie, afin de rencontrer des envoyés de l'opération Trust. L'espion, qui n'oublie pas qu'il est toujours sous le coup d'une condamnation à mort, ne veut pas entrer en territoire soviétique. Les agents de Trust, qui appartiennent en réalité à la Guépéou, insistent pour qu'il se rende à Moscou où ils prétendent que les comploteurs l'attendent en héros.

Sans doute flatté, Sidney Reilly accepte mais à peine franchit-il la frontière qu'il est capturé par la Guépéou.

Longtemps, les Soviétiques ont affirmé que Reilly a été abattu d'un coup de fusil en passant la frontière. En réalité, l'espion est transporté à Moscou, à la Loubianka, pour être longuement interrogé. L'espion britannique qui, on l'a vu, n'avait pas vraiment la fibre patriotique, n'a semble-t-il pas livré de renseignements à ses geôliers, malgré l'effroi de subir plusieurs simulacres d'exécution.

Le 5 novembre 1925, sur ordre de Staline, Reilly est finalement exécuté dans une forêt près de Moscou.

Sidney Reilly laisse une veuve… En réalité, il en laisse trois : Margaret, Nadejda, et la troisième, Pepita Bobadilla, une actrice que le polygame avait épousée en 1923. Comme le corps de Reilly ne sera jamais retrouvé, diverses rumeurs circulent sur son sort. En 1932, Pepita Bobadilla prétend qu'il est encore en vie. D'autres affirment que l'espion a survécu en faisant défection chez les Soviétiques.

Curieusement, Sidney Reilly connaît une seconde vie dans les années 1930 quand Bruce Lockhart publie ses mémoires et que la presse s'empare du personnage, le décrétant « le plus grand espion de l'histoire ». À la télévision britannique, en 1983, Reilly devient le héros de la série *Reilly, Ace of Spies*. En URSS, il apparaît aussi dans de nombreux films, mais toujours dans le rôle du méchant. Les Soviétiques n'ont pas oublié que Sidney Reilly a tenté d'assassiner Lénine.

EDDIE CHAPMAN

1914-1997

L'agent double qui voulait assassiner Hitler

Eddie Chapman est l'un
des espions les plus remarquables
de la Seconde Guerre mondiale.
En 1942, ce voyou anglais
s'est engagé dans l'Abwehr,
les services secrets nazis,
qui lui donnent le nom de code
de « Fritz ». Avant d'être retourné
par les Britanniques.

Fritz sera recruté par le Security Service (MI5), le contre-espionnage britannique, et deviendra agent double au service de Sa Majesté. Les Anglais, eux, l'appellent « agent Zigzag ». Un nom de code qui en dit long à la fois sur l'homme, souvent imprévisible, et sur la méfiance qu'il ne cessera d'inspirer à ses supérieurs.

Eddie Chapman, il faut le reconnaître, est un personnage hors norme : cambrioleur, escroc, âpre au gain, grand séducteur, amateur de belles tenues et de voitures de luxe. Et, pourtant, l'agent Zigzag fut aussi un héros, un vrai. Le cinéma ne s'y trompera pas. En 1966, la vie rocambolesque de ce mauvais garçon fera l'objet d'un film, *Triple Cross*, de Terence Young (*La Fantastique Histoire vraie d'Eddie Chapman* en français), le réalisateur des premiers *James Bond*.

La véritable histoire de cet agent double est longtemps restée secrète, cadenassée dans les sous-sols du MI5. Contrairement à ses contemporains en espionnage, les fameux Philby, Burgess et Blunt, ces Anglais de bonne famille à la solde de Moscou, Eddie Chapman n'est pas né avec une cuillère en argent dans la bouche et n'a pas étudié à Cambridge.

Né en 1914, Edward Arnold Chapman dira de son enfance : « Je suis né dans les taudis de la côte de la mer du Nord. Mon père buvait beaucoup. » À 17 ans, il s'engage dans les Coldstream Guards, ce fier régiment en uniforme rouge et bonnet à poil d'ours qui monte la garde à la Tour de Londres. Mais Eddie, paresseux et rebelle, ne supporte pas de se mettre au garde-à-vous et d'obéir. Il déserte pour les jolies filles et les boîtes de nuit de Soho, le quartier chaud de la capitale anglaise. C'est là, au milieu des artistes, des prostituées, mais aussi des souteneurs et des escrocs en tous genres, qu'Eddie Chapman entame sa nouvelle vie.

Grand, baraqué, beau gosse et débrouillard, ce séducteur travaille comme barman, figurant de cinéma, boxeur ou danseur de salon. Il aime l'argent et le risque. Vols, chèques falsifiés, chantage sur des femmes mariées... Avec des « amis » qu'il rencontre en prison, Chapman forme un gang de cambrioleurs. Leur arme secrète : la gélignite, un explosif gélatineux qui vient à bout des plus imprenables coffres-forts. Avec son *Jelly Gang*, Chapman devient rapidement l'ennemi public numéro un des années 1930.

En février 1939, sur le point d'être arrêté, Eddie Chapman, accompagné de Betty, sa compagne du moment, prend *in extremis* un avion pour Jersey, espérant échapper à la police. Le fuyard est arrêté et condamné à deux ans de prison sur l'île anglo-normande. Quelques mois plus tard, lorsque la guerre est déclarée, Eddie croupit encore dans une cellule de 3 m^2. Fin juin 1940, il y est toujours quand les îles anglo-normandes sont bombardées et occupées par les Allemands. Chapman s'interroge sur son avenir : si un jour il retourne en Angleterre, il devra purger une peine de vingt ans d'emprisonnement à laquelle la justice anglaise l'a condamné. Opportuniste et tout sauf patriote, le prisonnier décide, en 1941, d'écrire aux autorités allemandes pour leur proposer ses services. Dans sa lettre, il expose sa haine de l'Angleterre, énumère les charges qui y pèsent sur lui et vante ses talents en matière d'explosifs. Pendant des mois, il attend une réponse à sa missive.

Jusqu'au jour où, sans prévenir, il est menotté et jeté dans un bateau en direction de la France occupée. Il est conduit au fort de Romainville, près de Paris, où les Allemands enferment des résistants et des Juifs, tous voués à être fusillés ou déportés. Au bout de plusieurs mois d'interrogatoires serrés, Eddie Chapman finit par convaincre les Allemands de sa bonne foi : il assure n'avoir aucun scrupule à espionner son pays pour les Allemands. À une condition cependant : être bien payé. Au moins, l'ancien voyou est toujours clair sur sa motivation principale, l'argent.

À partir de 1942, la vie d'Eddie Chapman change du tout au tout. Il est envoyé à La Bretonnière, une belle demeure située près de Nantes, un bien spolié à son propriétaire juif, où l'Abwehr* a monté un centre de formation à l'espionnage, placé sous le commandement d'un personnage singulier : Stephan von Gröning, un aristocrate, plus porté sur le bon vin que sur les éloges à Hitler. Chapman entretiendra avec lui une amitié qui se prolongera bien après la guerre.

Tous les matins, après un copieux petit déjeuner, Chapman, désormais agent Fritz, apprend tout ce qui doit faire de lui un espion d'élite de l'Abwehr : transmission radio, sabotage, maniement des explosifs et saut en parachute. À l'été 1942, von Gröning, qui a toute confiance en

« Au bout de quelques
minutes de conversation
polie, Thomas me dit :
“À présent, il faut vous
choisir un nom allemand.”
Chacun s’en mêla
avec des taquineries ;
plusieurs noms furent suggérés.
Finalement, on tomba
d’accord sur *Fritz*. »

EDDIE CHAPMAN,

Ma fantastique histoire, 1963.

son espion, estime que l'agent Fritz est prêt à accomplir sa mission : il sera parachuté en Angleterre et devra mettre hors d'usage, au nord de Londres, l'usine de Havilland qui fabrique les Mosquitos* ; ces avions, capables de transporter 2 000 kg de bombes et d'atteindre Berlin, sont la bête noire des Allemands. On dira plus tard des Mosquitos qu'ils ont permis aux Alliés de gagner la guerre.

Le 15 décembre 1942, Chapman est conduit à l'aéroport du Bourget. Avant de s'envoler, il vérifie le contenu du sac à dos de marque anglaise qu'on lui a confié : un émetteur radio, un revolver, des détonateurs, des papiers d'identité britannique, 990 livres sterling en billets usagés, et enfin une capsule de cyanure à avaler « en cas de pépin ». Il est convenu que Chapman devra envoyer aux Allemands un message au plus tard trois jours après son arrivée en Angleterre.

À quel moment, et pour quelles raisons, Chapman décide-t-il de changer de camp ? Poussé peut-être par la nostalgie de son pays, l'envie de retrouver sa fiancée, voire l'intuition qu'Hitler ne gagnerait pas la guerre… Difficile de le savoir. Une chose est certaine : il est conscient d'avoir très peu de chances de sortir vivant de cette aventure. Il est 11 heures du soir quand il monte dans l'avion qui, quelques minutes plus tard, décolle en direction de l'Angleterre. Chapman racontera que sa descente en parachute dura 7 minutes et qu'il a agi ensuite comme prévu. En réalité, pas tout à fait car, à partir du moment où il tombe en pleine nuit dans un champ de céleri, l'agent Fritz, encore sonné par la descente, fait tout le contraire de ce que les Allemands attendent de lui.

« En 1940, je pouvais voler jusqu'à Glasgow avec la plupart de mes avions, mais plus maintenant ! Je suis furieux quand je vois les Mosquitos. J'en deviens vert de jalousie. »

HERMANN GOERING,

1943.

En effet, il réveille des fermiers qui, éberlués par cette apparition nocturne, lui offrent une tasse de thé accompagnée de toasts et, à sa demande, appellent la police. Arrivé au poste, Chapman explique qu'il veut parler aux services de renseignements. Au petit matin, deux hommes en civil viennent le chercher en voiture pour le conduire à Londres, au Camp 020*, un centre d'internement réservé aux espions étrangers capturés. À sa grande surprise, Chapman, qui s'attendait à être accueilli en héros par ses compatriotes, subit 48 heures d'interrogatoire serré, cuisiné par un orfèvre en la matière, le colonel Robin Stephens, surnommé « *Tin Eye* », « œil de fer », à cause de son monocle. Ce qu'Eddie Chapman ignore et que, par sécurité, il continuera longtemps d'ignorer, c'est que les Britanniques (bien avant son arrivée) savaient qu'un espion allemand nommé Fritz, sachant parler anglais, était sur le point d'être parachuté en Angleterre – et ce, grâce au décryptage des messages de l'Abwehr. Depuis deux ans en effet, les renseignements britanniques savaient décoder tous les messages radio allemands.

Chapman déballe tout : son passé de gangster, ses condamnations, comment il a proposé ses services aux Allemands, comment ceux-ci l'ont formé à l'espionnage, tout ce qu'il sait sur l'Abwehr et bien sûr l'objet de sa mission en Angleterre. *Tin Eye* se rend vite compte que Chapman dit la vérité. Toutes ses déclarations corroborent les messages allemands interceptés. Il n'a aucun mal non plus à obtenir de Chapman qu'il accepte sa proposition : devenir un agent double. Ceci à deux conditions : qu'il puisse garder l'argent gagné auprès des Allemands et qu'il obtienne des Anglais l'amnistie pour toutes ses condamnations passées. Les deux requêtes sont acceptées.

Chapman, sous le nom de code « Zigzag », est désormais un agent double travaillant pour l'Angleterre. Il doit agir vite car depuis deux jours déjà, les Allemands n'ont aucune nouvelle de leur agent parachuté en Angleterre. Pour les rassurer, Zigzag envoie à von Gröning un message l'informant qu'il est bien arrivé et qu'il s'attelle à sa mission : faire exploser l'usine de Havilland.

Afin que les Allemands continuent à avoir confiance en lui, les Anglais montent l'une des opérations de mystification les plus invraisemblables de la Seconde Guerre mondiale : simuler le sabotage d'une usine. Le MI5 fait appel au talent d'un personnage étonnant, Jasper Maskelyne. Depuis 1940, ce prestidigitateur professionnel (cheveux gominés, moustache et baguette magique à la main) dirige dans l'armée le très sérieux service du camouflage. Lui et ses hommes du *Magic Gang* imaginent et conçoivent toutes sortes de leurres (chars ou avions factices) dans le but de tromper l'ennemi.

Concernant l'usine de Havilland, le MI5 demande à Maskelyne de faire en sorte que, vue d'avion, l'usine ne soit plus qu'un énorme cratère après une violente explosion. Avec l'aide d'une équipe de décorateurs de théâtre, Jasper Maskelyne fait fabriquer un immense voile de camouflage représentant un paysage de désolation qui sera placé au-dessus de l'usine et donnera aux aviateurs allemands (qui ne vont pas tarder à survoler le site) l'illusion d'un sabotage parfaitement réussi. Le masque du faux sabotage est placé secrètement dans la nuit du 29 au 30 janvier 1943. Pour en rajouter dans la mystification, le *Daily Express* (à la demande du MI5) publie un article faisant état d'une violente explosion à l'usine de Havilland. Une *fake news* pour la bonne cause !

Chapman propose au MI5 une idée folle : se rendre à Berlin et assassiner Hitler. L'agent double se souvient en effet qu'un jour, lors d'une soirée arrosée, von Gröning lui avait promis, en guise de récompense, de l'emmener à Berlin assister, au premier rang, à un discours du Führer. Chapman est certain que von Gröning tiendra sa promesse. Le projet, qui ne manque pourtant pas de panache, n'est pas validé par le MI5 qui confie à Chapman une autre mission : retourner au service de l'Abwehr et collecter des renseignements précis sur les forces militaires allemandes. Sans broncher, Chapman accepte de repartir dans la gueule du loup.

Le 15 mars 1943, dans le port de Liverpool, Eddie Chapman, sous un nom d'emprunt, embarque comme stewart sur le *City of Lancaster*, un navire marchand en partance pour Lisbonne. Le Portugal, pays neutre, est alors le seul point d'entrée en Europe occupée. Dès son arrivée à Lisbonne, Chapman se rend à l'ambassade d'Allemagne. Reconnu comme l'agent qui a fait exploser l'usine de Havilland en Angleterre, Chapman fait alors une proposition étonnante à l'Abwehr : il suggère de faire sauter le *City of Lancaster*. L'agent de l'Abwehr envoie un message radio à Berlin qui donne son accord. L'Allemand fournit alors à Chapman un explosif d'un type nouveau : un bâton de dynamite caché dans un gros morceau de charbon. Le plan est de placer le morceau de charbon dans la soute du navire, jusqu'au jour où il sera pelleté et jeté comme combustible dans la chaudière, provoquant, en pleine mer, l'explosion du navire. Chapman, fidèle à lui-même, empoche une grosse somme d'argent au passage. Ce qu'il ignore, c'est que le message radio de l'Abwehr a été intercepté par les Anglais. Persuadés que Chapman est en train de passer à l'ennemi, ils décident d'envoyer au plus vite un agent à Lisbonne afin de ramener Chapman en Angleterre et de le juger pour trahison.

Au moment où l'agent du MI5 à Londres monte dans l'avion pour le Portugal, Eddie Chapman, lui, monte à bord du *City of Lancaster*, avec un pavé de charbon dissimulé dans son sac. Cependant, sur le navire, au lieu de descendre vers la soute à charbon, Chapman confie le dangereux explosif au commandant qui, éberlué, s'empresse de le ranger dans son coffre-fort. C'est avec soulagement que l'agent du MI5, arrivé entre-temps à Lisbonne, apprend que Zigzag n'a pas trahi. Au contraire, il a mis la main sur une arme nouvelle des Allemands !

Mais que pensera l'Abwehr en découvrant que le *City of Lancaster* est indemne ? Afin de sauver la réputation de son agent double, le MI5 monte un scénario rocambolesque pour laisser croire que l'attentat a été déjoué *in extremis* et par hasard. Non seulement l'Abwehr n'aura rien à reprocher à Fritz, mais le service allemand va même lui offrir des vacances. En avril 1943, Chapman est envoyé par l'Abwehr en Norvège, en récompense pour ses brillantes missions accomplies. De la main de von Gröning, l'agent double reçoit 150 000 Reichsmark et, incroyable ironie, la Croix de fer, la plus haute distinction allemande. Eddie Chapman est le seul Britannique à l'avoir reçue.

Tandis que les Norvégiens subissent restrictions et persécutions, à Oslo, Chapman mène une vraie vie de pacha. Un soir, au Ritz, l'hôtel de luxe fréquenté par les dignitaires nazis, il rencontre une jeune femme dont il tombe très vite amoureux : Dagmar Lahlum, juchée sur des talons hauts, fumant une Craven A au bout d'un fume-cigarette en ivoire… Est-elle, comme les appellent les Norvégiens, une « pute à nazis » ? En tout cas se noue entre Eddie et Dagmar une véritable idylle qui dure des mois.

Au point qu'un soir, alors que les deux amants naviguent sur le yacht offert par l'Abwehr, Chapman lui révèle qu'il n'est pas allemand mais un espion anglais ! À cette révélation en succède une autre : Dagmar lui apprend qu'elle appartient à la Résistance norvégienne. Désormais secrètement alliés, Dagmar et Eddie, tout en travaillant officiellement pour l'Abwehr, collectent ensemble pour la Grande-Bretagne des renseignements sur l'armée allemande en Norvège : dépôts de munitions et de carburants, abris de sous-marins, bâtiments occupés par les nazis… Au printemps 1944, Eddie est envoyé par l'Abwehr à Berlin. Les adieux avec Dagmar sont déchirants. Il lui promet qu'il l'épousera après la guerre. En réalité, ils ne se reverront jamais.

Le 6 juin 1944, les Alliés débarquent en Normandie pour libérer l'Europe. Hitler, qui ne s'avoue pas vaincu, lance le 13 juin une contre-attaque d'envergure sur l'Angleterre, avec une arme secrète nouvelle, d'une puissance inégalée, les fameux V1 et V2*. Ces fusées au guidage imprécis provoquent la mort de plus de 6 000 civils britanniques. Les Allemands n'en savent rien. Pour avoir une idée de l'efficacité et de la précision des tirs des V1 et des V2, l'Abwehr décide d'envoyer sur place le meilleur de ses espions : Fritz. Lequel accepte, monnayant 100 000 livres sterling.

Le 27 juin 1944, Chapman s'envole pour l'Angleterre. Bien sûr, à peine a-t-il atterri avec son parachute qu'il se rend au poste de police le plus proche. Comme six mois plus tôt. Cette fois, il est accueilli en véritable héros par le MI5 qui, si longtemps, s'était méfié de lui. D'autant qu'il rapporte des milliers de renseignements sur l'état des forces allemandes. Inversement, en juillet 1944, l'agent double envoie en Allemagne de fausses informations sur l'impact des V1. Ainsi, grâce à lui, les V1 seront dirigés vers le sud de l'Angleterre, dans des zones plus rurales, épargnant Londres et provoquant ainsi moins de victimes et de destructions.

À la sortie de la guerre, Chapman retrouve ses vieux démons, ses copains de Soho et leurs coups tordus. Sa nouvelle spécialité : l'arnaque sur les paris aux courses de lévriers. Le MI5 n'apprécie pas et le 2 novembre 1944, Eddie Chapman, le plus grand agent double de la Seconde Guerre mondiale, est mis à la porte des services secrets.

Qu'importe… Eddie Chapman est riche. Il roule en Rolls-Royce, partage sa vie entre ses yachts et ses châteaux, avec sa jeune et jolie épouse. Plusieurs fois impliqué dans des affaires louches, il réussit toujours à échapper à la prison, sans doute protégé par les inestimables services qu'il a rendus à la cause des Alliés. Eddie Chapman, *alias* « Fritz », *alias* « Zigzag », meurt en 1997, à l'âge de 83 ans. Avec un seul regret : celui de ne pas avoir assassiné Hitler.

URSULA KUCZYNSKI
1907-2000

Agent Sonja
et les secrets
de la bombe atomique

Ursula Kuczynski, *alias*
« agent Sonja », fut la plus grande
espionne de l'ex-Union soviétique.
Aux ordres de Moscou,
cette communiste allemande
a mené des missions en Chine,
en Mandchourie, en Suisse
et en Grande-Bretagne.
Elle a transmis à Staline
les secrets de la fabrication
de l'arme atomique.

Plusieurs fois mariée, mère de trois enfants, tous de pères différents, cette femme passionnée, accro au secret comme à une drogue, a réussi à concilier sa vie familiale et sa vie d'espionne, au prix de vertigineuses contorsions.

Par chance, et aussi grâce à son image rassurante de mère de famille, Ursula Kuczynski a échappé plus d'une fois à l'arrestation ou à la mort, contrairement à la plupart de ses camarades démasqués par l'ennemi ou exécutés par leur propre camp. En 1950, sentant que l'étau allait se refermer sur elle, Ursula Kuczynski fuit l'Angleterre pour se réfugier en République démocratique allemande. C'est là qu'elle finit sa vie, en icône de la Stasi* et du régime mortifère de l'ex-Allemagne de l'Est.

Ursula Kuczynski naît en 1907 dans une famille juive de Berlin. Son père, professeur d'économie, et sa mère, peintre, appartiennent à l'*intelligentsia* de gauche. Ursula, qui dévore la littérature révolutionnaire, s'engage à 17 ans dans les Jeunesses communistes et, à 19, au KPD*, le Parti communiste allemand.

Dans ces années 1920 en Allemagne, Ursula ne craint pas de se mêler aux heurts violents entre les forces de police, les communistes et bientôt les nazis. Grande, cheveux noirs, un long nez, elle n'est pas exactement belle, mais elle est élégante et pleine de charme avec sa casquette d'ouvrier sur la tête et son rire sonore. Surnommée « la Toupie » par ses camarades, elle virevolte en tête de cortège, hurlant slogans et chants révolutionnaires. De ces années d'initiation, où elle apprend à tirer au revolver, Ursula gardera toute sa vie une conviction communiste chevillée au corps et un goût certain pour le risque.

En octobre 1929 – alors que la crise économique va bientôt toucher l'Allemagne de plein fouet –, elle épouse Rudi Hamburger, un architecte qui partage ses convictions mais qui est plus modéré qu'elle. L'année suivante, alors que le pays compte 5 millions de chômeurs, le parti nazi d'Adolf Hitler rafle près de 20 % des voix aux élections législatives. Quand il accède au pouvoir en 1933, Ursula est en Chine où Rudi a obtenu un contrat. Un interminable voyage en train puis en bateau à travers la mer Jaune les a conduits depuis Berlin jusqu'à Shanghai, où va se jouer une page décisive de la vie d'Ursula : c'est là qu'elle devient espionne.

Shanghai, la « putain de l'Orient », fascine les Occidentaux. La masse miséreuse des Chinois et la communauté des étrangers (diplomates, banquiers, trafiquants, prostituées et aventuriers en tout genre…) s'y côtoient sans se connaître. Shanghai est aussi capitale de l'espionnage : les nationalistes de Tchang Kaï-chek traquent sans merci les communistes, qui, eux-mêmes soutenus par les services secrets soviétiques, espionnent leurs ennemis.

Ursula attend un enfant mais s'ennuie dans son rôle d'épouse expatriée. Une rencontre change sa vie : celle avec Agnes Smedley, une Américaine haute en couleur. Cette correspondante de presse à Shanghai qui garde en permanence un pistolet dans son sac à main est en réalité une espionne travaillant pour l'URSS. Quand Ursula exprime à son amie son désir d'aider les communistes chinois, Agnes décide de recruter la jeune Allemande et lui fait rencontrer Richard Sorge, allemand lui aussi. Officiellement journaliste, il dirige un important réseau d'espionnage soviétique en Extrême-Orient.

Bel homme au charme irrésistible, Richard Sorge, 30 ans, est un personnage trouble. Blessé pendant la Première Guerre mondiale, il en a gardé un ressentiment tenace, un fort penchant pour l'alcool et la conviction que seul le communisme pourra venir à bout des guerres et du fascisme. À sa demande, Ursula accueille chez elle des réunions clandestines. Qui se douterait que des communistes chinois se retrouvent dans la demeure d'une bourgeoise allemande, en fin de grossesse de surcroît ? Elle cache aussi des armes. Tout cela à l'insu de son mari. Ursula sait qu'elle met en danger sa vie, celle de son époux et bientôt celle de son fils Michael, né en 1931. Sa vie amoureuse est également double puisque Kuczynski et Sorge sont amants.

En 1932, le Japon attaque Shanghai. Pour répondre à l'inquiétude de Moscou face à une possible mainmise nippone sur la Chine, Richard envoie Ursula enquêter sur le champ de bataille. En même temps, cette dernière suit avec inquiétude les événements en Allemagne, où la République de Weimar vit ses dernières heures, et que sa famille fuira pour se réfugier en Angleterre. Sa seule patrie, désormais, c'est le communisme.

« Quand mon mari
a appris mon activité,
il s'y est opposé avec véhémence.
Il m'a dit que je semblais
ne pas avoir la moindre idée
de ce qu'un enfant signifie
pour une mère.
J'ai à peine répondu. Et puis…
je l'ai fait quand même. »

URSULA KUCZYNSKI,

Sonjas Rapport, 1977.

À Shanghai également, la menace se rapproche d'Ursula Kuczynski. Des membres de son réseau ont été arrêtés et ont parlé. Par sécurité, Richard Sorge est exfiltré de Chine. Ursula ne le reverra jamais. Quant à elle, elle a ordre de se rendre à Moscou suivre une formation intensive aux techniques d'espionnage. Sans son fils, âgé de 2 ans… Rudi, à qui Ursula a finalement révélé son activité d'espionne, se résout à la laisser partir.

Une nouvelle aventure commence pour Ursula. Au centre de formation en pleine forêt au sud de Moscou, elle apprend tout ce qu'un espion soviétique doit savoir : le marxisme-léninisme, le maniement des armes et des explosifs, la transmission radio… Au bout de six mois, l'agent Sonja, son nom de code, signe un contrat qui l'engage à vie et précise que toute trahison sera punie de mort. Pour le NKVD*, futur KGB*, ce ne sont pas que des mots. Beaucoup de ses camarades, accusés à tort de trahison, en feront la tragique expérience.

Au printemps 1934, Ursula est envoyée en Mandchourie, au nord-est de la Chine, occupée depuis 1931 par les Japonais. Moscou s'inquiète en effet de cette menace sur la frontière orientale de l'URSS. Cette fois, elle emmène son fils. Emportant dans sa malle un émetteur-radio en pièces détachées, elle est accompagnée de son officier supérieur, un certain Johann Patra, un grand blond, fils d'ouvrier letton, fervent communiste et bientôt son amant.

Le jour, tout en s'occupant de son fils, l'espionne fabrique pour la résistance communiste des explosifs qui serviront au sabotage des usines et des chemins de fer japonais en Mandchourie. La nuit, derrière les

« Je m'asseyais devant l'émetteur, emmitouflée dans des couvertures, avec des mitaines pour empêcher mes mains de trembler. Michael dormait profondément dans la pièce à côté. Pendant que j'envoyais mes messages à Vladivostok, au-dessus de ma tête j'entendais les avions japonais qui circulaient en rond dans le ciel. Un jour peut-être, ils réussiront à me localiser. »

URSULA KUCZYNSKI,

Sonjas Rapport, 1977.

volets clos, elle envoie des messages codés à Moscou avec son émetteur.

Ursula le sait : si Johann et elle sont repérés, la terrible Kempeitai*, sorte de police politique japonaise, les exécutera sans pitié et le petit Michael sera abandonné dans un pays hostile. Ursula apprend à vivre avec la peur et à dormir avec des somnifères.

En avril 1935, Moscou envoie à Ursula l'ordre de quitter immédiatement la Mandchourie. Un membre du réseau, arrêté, risque de parler. C'est la fin de la mission, mais aussi celle d'une idylle. Ursula, émue, quitte Johann sans lui révéler qu'elle est enceinte.

Pendant trois ans, Ursula Kuczynski continue son travail en Pologne où elle vit avec son mari Rudi, désormais acquis à la cause, et leurs deux enfants, Michael et la petite Nina que Rudi a accepté de reconnaître. En Europe, la menace d'une guerre menée par Hitler grandit. Pendant ce temps, Staline dilapide ses forces dans des purges à grande échelle : en 1937-1938, plus de 700 000 citoyens soviétiques sont condamnés à mort et 800 000 « ennemis du peuple », envoyés au goulag. Même les espions sont suspects. Étonnamment, Ursula y échappe. En 1937, au Kremlin, elle se voit remettre la médaille de la Bannière rouge, la plus haute décoration militaire soviétique.

En 1938, l'URSS, qui a besoin de renseignements militaires sur l'Allemagne, envoie Ursula en Suisse, pays neutre qui concentre pourtant le plus grand nombre d'espions au kilomètre carré : Britanniques, Américains, Français, Allemands et bien sûr Soviétiques… Ursula, de nouveau séparée de Rudi, s'installe près de Genève avec ses enfants et leur nounou. Le jour, dans sa maison près du lac Léman, elle mène à la perfection sa vie discrète de juive allemande exilée. La nuit, avec son émetteur caché dans une armoire, elle redevient espionne. Elle est chargée de créer un réseau d'agents capables de s'infiltrer en Allemagne. Elle demande à Moscou de lui envoyer des communistes anglais, anciens des Brigades internationales, les plus à même, pense-t-elle, de mener à bien cette mission dangereuse.

Un jour, en janvier 1939, devant la poste centrale de Genève, Ursula a rendez-vous avec l'un d'eux. L'homme, en signe de reconnaissance, porte une ceinture à la main. Elle, un filet à provision contenant une orange. Il s'appelle Alexander (Alex) Foote. Un autre Anglais le suit, Len Beurton, communiste et fils d'ouvrier qui, dès le premier regard, tombe fou amoureux d'Ursula.

Première mission : Alex et Len se rendent clandestinement en Allemagne pour espionner les usines BMW et IG Farben, vitales pour la machine de guerre nazie. Au printemps 1939, alors qu'ils sont attablés dans une brasserie bavaroise, Adolf Hitler en personne entre pour déjeuner. De retour en Suisse, Len Beurton, qui n'a peur de rien, se met en tête de monter un attentat à la bombe contre le Führer. Ursula, très excitée par ce plan, en informe Moscou qui donne son accord.

Le 23 août 1939, à la surprise générale, Staline signe avec Hitler un pacte de non-agression. Plus question d'attentat. Comme beaucoup de communistes, Ursula Kuczynski est effondrée : comment Staline peut-il signer un pacte avec ce persécuteur des juifs et des communistes ? À ses yeux, cet accord est contre-nature.

Quelques jours plus tard, le 1er septembre 1939, il permet à Hitler d'attaquer la Pologne en toute tranquillité.

Si Staline agit ainsi, se résigne Ursula, c'est qu'il a de bonnes raisons de le faire. Dès le lendemain, elle reçoit ce message de Moscou : « Interrompez toutes vos activités contre l'Allemagne. Retirez tous vos agents en résidence encore en place. »

En urgence, Ursula fait revenir Alex et Len d'Allemagne. Alors que l'Europe entre en guerre, la situation des étrangers en Suisse devient critique. Ursula souhaiterait rejoindre sa famille exilée en Angleterre. Cependant, toujours citoyenne allemande, elle est indésirable en Grande-Bretagne. Cette femme pragmatique trouve une solution : divorcer de Rudi et conclure un mariage blanc avec Len pour obtenir un passeport britannique. Le mariage est célébré le 23 février 1940, le jour-anniversaire de la création de l'Armée rouge. Une évidence pour ces deux espions soviétiques. En réalité, le mariage n'a rien de blanc, car Len et Ursula sont amoureux…

En décembre 1940, la petite famille quitte la Suisse pour Oxford, en Angleterre, où la situation d'Ursula est pour le moins ambiguë : alors que l'URSS, sa patrie de cœur, pactise avec les nazis, elle vit en sécurité dans le pays qui se bat seul contre l'Allemagne. Le 22 juin 1941, c'est donc avec un certain soulagement qu'Ursula apprend l'invasion de l'URSS par Hitler. L'Union soviétique devient l'alliée de la Grande-Bretagne. Mais il est un domaine où Winston Churchill, le Premier ministre britannique, ne souhaite en aucun cas collaborer avec Staline : la recherche atomique.

En 1940, à l'université de Birmingham, deux physiciens, auteurs d'un rapport secret sur la mise au point d'une bombe atomique, ont alerté le gouvernement de Londres de l'urgence de fabriquer une bombe avant d'être doublés par les chercheurs nazis. Au printemps 1941, le groupe de savants chargé de lancer ce projet secret qui doit réunir les meilleurs spécialistes prend contact avec un jeune physicien allemand qui a fui son pays en 1933, Klaus Fuchs. Le MI5, responsable du contre-espionnage, émet d'abord des réserves, car Fuchs était dans son pays un militant communiste. Finalement, il donne son accord en raison des exceptionnelles et indispensables capacités intellectuelles de Fuchs. Une grave erreur car Fuchs, nom de code Otto, est un agent soviétique. Depuis 1941, il a transmis à Moscou des centaines de pages de renseignements scientifiques confidentiels.

À l'été 1942, Ursula Kuczynski devient l'agent de liaison de Klaus Fuchs et s'attelle avec lui à ce qui sera la plus importante mission de sa carrière d'espionne : celle qui permettra à l'Union soviétique de fabriquer sa propre bombe. Plusieurs fois par mois, elle se rend à vélo dans un village anglais où elle retrouve Fuchs. À chaque rendez-vous, le physicien lui fournit de nouveaux documents ultra-secrets sur la recherche atomique. Ursula Kuczynski avoue ne rien y comprendre. Ce ne sont pour elle que des « gribouillis ».

Elle le sait, cependant : Staline, à Moscou, les attend avec impatience.

Côté britannique, la recherche nucléaire connaît à partir de 1942 un nouvel élan grâce à la coopération des États-Unis qui viennent d'entrer en guerre. En août 1943, à Québec, lors de la conférence militaire qui réunit Britanniques et Américains, loin des caméras et des micros, Churchill et Roosevelt concluent un accord secret qui scelle leur collaboration dans la fabrication de la bombe mais qui, surtout, en exclut l'Union soviétique. Chose incroyable : Ursula Kuczynski, quelques jours avant d'accoucher de son troisième enfant, réussit à se procurer une copie de cet accord ultrasecret et à le transmettre à Moscou. Ce document conforte la méfiance de Staline à l'égard de ses alliés. En 1943, Klaus Fuchs part aux États-Unis pour y poursuivre la recherche atomique dans le cadre du projet *Manhattan*, tout en continuant à renseigner l'URSS.

Le 8 mai 1945, la guerre est finie en Europe. Trois mois plus tard, les États-Unis larguent leurs bombes atomiques sur Hiroshima et Nagasaki. Le retour de la paix ne signifie toutefois pas pour Ursula la fin de ses activités. À la guerre gagnée contre Hitler succède immédiatement une autre : la guerre froide entre l'Est et l'Ouest. Ursula et sa famille, qui vivent toujours en Angleterre, sont surveillées par le MI5. Courrier intercepté, téléphone sur écoute, comptes en banque surveillés… En 1947, Ursula reçoit dans son cottage la visite d'un inspecteur du contre-espionnage. En tablier de cuisine, la mère de famille lui offre une tasse de thé et des scones et répond sans faiblir à ses questions. Finalement, l'inspecteur s'en va, persuadé d'avoir fait erreur. Ursula Kuczynski réussit à tenir ainsi jusqu'en 1950.

La première bombe soviétique en 1949 est une victoire pour Ursula mais, quelques mois plus tard, le

3 février 1950 elle apprend avec horreur dans le journal que Klaus Fuchs a été arrêté en Angleterre. Le programme de décryptage *Venona* aux États-Unis a permis de déchiffrer les messages codés soviétiques et, de fil en aiguille, d'identifier Fuchs. S'attendant elle-même à être arrêtée, Ursula décide du jour au lendemain de quitter l'Angleterre. Elle enterre l'émetteur-radio dans le jardin, fait ses bagages et explique aux enfants qu'ils partent en vacances. Le 27 février 1950, Ursula et sa petite famille s'envolent pour l'Allemagne. Le plus étrange est que le MI5 ne fait rien pour l'empêcher de partir !

Installée en République démocratique allemande avec son mari Len, Ursula Kuczynski renonce bientôt à l'espionnage pour se consacrer à l'écriture. Des livres pour enfants, mais aussi son autobiographie, qui sera un best-seller. Jusqu'au bout, elle vit en bonne citoyenne, aveugle aux crimes de la Stasi. Ursula est consciente d'avoir eu de la chance, contrairement à beaucoup de ses camarades : Richard Sorge, son grand amour, est pendu par les Japonais en 1941. Rudi, son premier mari, passe dix ans de sa vie au goulag sans savoir pourquoi. En novembre 1989, au lendemain de la chute du Mur, la vieille dame de 82 ans qui n'a pas changé appelle en vain les manifestants berlinois à s'engager dans le Parti et à construire le socialisme.

Len Beurton meurt en 1997. Ursula Kuczynski, *alias* « agent Sonja », la plus grande espionne de l'Union soviétique, meurt en 2000, à l'âge de 93 ans.

KRYSTYNA SKARBEK

1908–1952

L'espionne préférée de Churchill

Krystyna Skarbek, *alias*
« Christine Granville »,
est une des espionnes les plus fascinantes de la Seconde Guerre mondiale. En 1939,
alors que son pays est envahi
par les Allemands, cette Polonaise propose ses services au MI6.
Un engagement qui l'amènera
à accomplir les opérations les plus dangereuses en Europe occupée.

Mince, sportive, élégante, cheveux châtain courts et yeux en amande, Krystyna Skarbek était courageuse, mais aussi très belle et très séduisante. Peu d'hommes résistaient à son charme. Mariée deux fois, cette femme libre et indépendante qui vivait au milieu d'hommes eut aussi de nombreux amants, ce qui contribua après guerre à créer d'elle l'image d'une femme fatale aux mœurs légères.

Krystyna Skarbek, née en 1908 dans une Pologne à l'époque incorporée à l'empire russe, est la fille du comte Jerzy Skarbek, aristocrate polonais désargenté. Sa mère, Stefania Goldfeder, est la fille d'un riche banquier juif. Leur mariage arrangé a permis de renflouer les caisses du père et de donner un titre à la mère.

Les premières années sont heureuses. Vivant à la campagne, Krystyna, petite fille joyeuse et sportive, a une enfance très libre et privilégiée. Elle monte à cheval, apprend à skier, à tirer au pistolet et au fusil. Son père, qui l'adore, l'appelle son « étoile ». Les choses vont moins bien quand Krystyna, 14 ans, est envoyée en pension dans une école catholique. Un jour, à la messe, pour faire une farce, cette adolescente rebelle tente de mettre le feu à la soutane du curé. Elle est immédiatement renvoyée. Seul avantage : la jeune fille y a appris le français, la langue de la bonne société, qui lui sera bien utile plus tard.

En 1918, la Pologne fête son indépendance. Bientôt cependant, pour Krystyna, la situation familiale se détériore : son père, qui multiplie les maîtresses et dilapide la dot de sa femme, meurt de la tuberculose. Quasiment ruinées, mère et fille déménagent dans un petit appartement à Varsovie. Krystyna, sans diplôme, trouve un emploi chez un concessionnaire automobile Fiat. La jeune fille s'y ennuie et les vapeurs de pétrole qui montent du garage endommagent ses poumons. Rien de grave, mais ces lésions la serviront quand, en 1941, elle sera arrêtée par la Gestapo.

Krystyna Skarbek fait la connaissance d'un jeune homme riche, Gustav Getlich. Rapidement, les deux amoureux ne se quittent plus, fréquentant ensemble les lieux à la mode à Varsovie. En 1930, ils se marient. Tout destine enfin Krystyna à une vie sage et rangée. Cependant, le mariage se termine vite en divorce. Gustav en gardera une certaine amertume : « Krystyna était cinglée, disait-il, romantique et toujours en quête de changement. »

Redevenue célibataire, Krystyna mène une vie mondaine et insouciante à Varsovie. En 1938, Krystyna, qui a maintenant 30 ans, se marie avec Jerzy Gizycki, de vingt ans plus âgé qu'elle, écrivain, diplomate et grand voyageur. L'année suivante, le couple part en Éthiopie, où Jerzy vient d'être nommé consul. Le 1er septembre 1939, quand l'Allemagne envahit la Pologne, Krystyna et son mari sont en Afrique du Sud. La mobilisation générale est ordonnée en Grande-Bretagne et en France. Très inquiet, le couple débarque en Angleterre le 5 octobre.

Dès son arrivée à Londres, Krystyna, qui veut se rendre utile, reprend contact avec un journaliste anglais qu'elle a connu à Varsovie. C'est lui qui la présente à l'Intelligence service, appelé aussi MI6*, le service de renseignement britannique chargé des opérations à l'étranger. La jeune femme fait forte impression auprès des agents recruteurs. Pour preuve, une évaluation élogieuse dans son dossier du MI6 le 7 décembre 1939.

Krystyna est engagée par le MI6, pressé d'établir un réseau de renseignements en Pologne occupée. Sa mission : entrer clandestinement dans le pays par le sud, depuis la Hongrie. L'espionne quitte Londres et débarque à Budapest le 23 décembre 1939, sous l'identité d'une journaliste française en reportage, Mme Marchand. Espionne britannique, citoyenne polonaise et juive de surcroît, Krystyna risque gros en entrant en Hongrie. Si, officiellement, ce pays est encore neutre, le gouvernement entretient déjà des liens étroits avec l'Allemagne hitlérienne.

À Budapest, Krystyna découvre une ville transie de froid : il fait 33 degrés au-dessous de 0 et le Danube est gelé. Une capitale où s'amassent de nombreux réfugiés qui ont fui la Tchécoslovaquie et la Pologne occupées par les nazis. Pour trouver le moyen d'entrer dans son pays, Krystyna prend contact avec les réfugiés polonais. C'est ainsi qu'elle rencontre Andrzej Kowerski, un officier polonais exilé qui s'occupe d'exfiltrer vers la France des militaires polonais ou des prisonniers de guerre anglais.

« Krystyna Skarbek
est une jeune femme
très intelligente, habillée
simplement, aristocratique.
Une ardente patriote
polonaise. Excellente skieuse
et grande aventurière.
Elle donne l'impression
de n'avoir peur de rien.
Je crois vraiment qu'avec elle
on a touché le gros lot. »

DOSSIER DU MI6,

7 décembre 1939.

Cet homme courageux, qui a perdu une jambe à la guerre, ne tarde pas à devenir l'amant de Krystyna, mais aussi un véritable compagnon. Andrzej Kowerski est sans doute l'homme qui comptera le plus dans sa vie.

Pour entrer clandestinement en Pologne, Krystyna choisit de traverser les montagnes à ski, bravant un froid polaire et le risque constant de croiser une patrouille allemande. Loin des lieux habités, elle traverse la Slovaquie puis, enfin, entre en Pologne. Sur son chemin, vision terrible, elle croise les corps gelés de Polonais morts en tentant de fuir. Une fois la frontière passée, Krystyna découvre avec stupeur un pays martyrisé et affamé par l'occupation nazie et une Varsovie en grande partie détruite par les bombes. Les Juifs sont envoyés dans des camps de travail ou entassés dans des ghettos en vue de leur déportation.

Rapidement, Krystyna Skarbek entre en contact avec la Résistance polonaise, à laquelle elle fournit des outils de propagande. À Varsovie, où elle redoute à chaque instant d'être reconnue, elle réussit à retrouver sa mère mais celle-ci refuse de quitter le pays. Deux ans plus tard, elle sera arrêtée par la Gestapo. Krystyna ne la reverra jamais plus vivante.

Fin 1940, quand Krystyna revient de sa quatrième et dernière mission en Pologne, elle est accompagnée de son compagnon d'armes et amant Andrzej Kowerski. Ils rentrent en Hongrie avec des microfilms contenant des renseignements très importants fournis par les Mousquetaires, un réseau de la Résistance polonaise. Le 24 janvier 1941, Krystyna et Andrzej sont arrêtés par la police hongroise qui les confie à la Gestapo.

Terrifiée à l'idée que les nazis puissent mettre la main sur les microfilms qu'elle a cachés dans la jambe artificielle d'Andrzej, Krystyna a soudain une idée de génie : connaissant la phobie des Allemands pour les maladies infectieuses, elle se souvient des vapeurs de pétrole qui, lorsqu'elle travaillait chez Fiat, lui avaient laissé des lésions aux poumons. Au poste de police, Krystyna a donc l'idée de se mordre la langue, le plus fort qu'elle peut. Elle tousse, et comme prévu, elle se met à cracher du sang. Aux hommes de la Gestapo qui la regardent effarés, elle explique innocemment : « Je suis malade. J'ai la tuberculose depuis plusieurs années. » La Gestapo relâche le couple, mais reste méfiante et décide de le faire suivre. Les deux espions doivent quitter la Hongrie au plus vite. Le consul de Grande-Bretagne à Budapest leur établit de faux passeports. Andrzej Kowerski devient Andrew Kennedy et Krystyna Skarbek, Christine Granville, un nom d'emprunt qu'elle gardera jusqu'à la mort.

Les deux espions réussissent à fuir la Hongrie avec leurs microfilms et à rejoindre la Yougoslavie puis la Bulgarie. Arrivés à Sofia, ils se présentent à la légation britannique : Aidan Crawley, l'attaché militaire, se souviendra longtemps de cette rencontre.

Les microfilms qu'ils apportent donnent la preuve irréfutable que la Wehrmacht amasse des troupes et du matériel à la frontière orientale de la Pologne. Une nouvelle stupéfiante, sachant qu'Hitler et Staline sont liés depuis 1939 par un pacte de non-agression. À Londres, quand Winston Churchill apprend la nouvelle, il en informe immédiatement Staline. Ce dernier, qui a déjà été averti

« Krystyna Skarbek
et Andrzej Kowerski
arrivaient de Budapest.
Ils avaient avec eux
plusieurs rouleaux
de microfilms qui révélaient
les préparatifs à grande échelle
menés par les Allemands
en Pologne, en vue d'une attaque
de l'Union soviétique.
C'est la première fois que
nous en avions une preuve. »

AIDAN CRAWLEY.

par ses propres espions, s'obstine à ne pas y croire, et ne fait rien pour anticiper l'invasion de l'URSS, qui aura bien lieu quelques mois plus tard, le 22 juin 1941. Quant à Churchill, il est bluffé en découvrant les microfilms : « Cette Christine Granville est mon espionne préférée. »

Et pourtant ! On a du mal à y croire : dans les semaines qui suivent, Christine Granville et Andrew Kennedy sont soupçonnés d'être des agents doubles. Les Britanniques s'interrogent : comment, après leur arrestation à Budapest, Christine et Andrew ont-ils pu être relâchés au bout de seulement 24 heures ? Comment ensuite ont-ils pu traverser l'Europe sans être rattrapés par la Gestapo ? La réponse la plus plausible est que Christine Granville a été retournée par les nazis. Christine Granville et Andrew Kennedy ont beau protester, ils doivent rester inactifs pendant deux ans. En attendant, pour tromper le désespoir, Christine apprend la transmission radio et le saut en parachute, où elle se révèle excellente.

Ce n'est qu'après le débarquement allié du 6 juin 1944 qu'une opportunité se présente enfin à elle. Le Special Operations Executive (SOE*) décide de l'envoyer en France pour devenir la nouvelle agente de liaison de Francis Cammaerts, le chef du SOE de la zone sud-est de la France. On lui fournit des papiers d'identité au nom de Jacqueline Armand. Son nom de code sera Pauline. On lui donne aussi un revolver, des cartes de rationnement, de l'argent et, bien sûr, une capsule de cyanure à avaler en cas d'arrestation.

À l'aube du 7 juillet 1944, Christine Granville est parachutée sur le plateau du Vercors, près de Vassieux. Après un atterrissage brutal à plusieurs kilomètres de l'endroit prévu, elle se cache dans un buisson pour échapper à une patrouille allemande accompagnée de chiens. Habituée au contact avec les animaux, elle réussit à calmer l'animal qui la découvre en le caressant et en lui murmurant quelques mots en polonais. Le chien retourne vers ses maîtres sans donner l'alerte. Christine, qui a eu de la chance, réussit à rejoindre le maquis.

Depuis 1942, le Vercors, véritable forteresse naturelle dans les pré-Alpes, est un bastion de la Résistance française. Les Forces françaises de l'intérieur (FFI) y sont soutenues par le SOE de Londres. En 1944, le plan Montagnard approuvé par de Gaulle et par les Alliés prévoit qu'à l'été, après les débarquements de Normandie et de Provence, le maquis du Vercors*, renforcé par le largage allié d'hommes et de munitions, se soulève pour prendre l'ennemi à revers. Cependant, quand Christine arrive dans le Vercors, la situation est très tendue. Les maquisards, sûrs de la victoire prochaine, ont proclamé la République du Vercors. Une provocation pour les Allemands qui, le 21 juillet 1944, lancent l'offensive avec 10 000 hommes. Sans l'aide promise par les Alliés, la Résistance se défend avec ardeur mais les Allemands reprennent le Vercors à grands coups d'incendies, d'arrestations et de massacres. Christine et Cammaerts réussissent *in extremis* à s'enfuir à pied.

Après une marche de trois semaines dans les Alpes, Christine rejoint la frontière italienne au niveau du col de Larche où elle va accomplir un de ses plus incroyables exploits. Le col est tenu fermement par les Allemands depuis une forteresse en altitude. Christine découvre que la garnison est composée principalement de Polonais, enrôlés de force dans la Wehrmacht, ce qui lui donne une idée : le 8 août 1944, seule, après une ascension de près de deux jours à pied jusqu'au fort, elle s'adresse en polonais à ces hommes en leur révélant sa véritable identité : « Je travaille pour les Britanniques mais je suis polonaise comme vous. Je m'appelle Krystyna Skarbek. »

Un risque énorme pour l'espionne. Elle leur rappelle que la défaite allemande est inévitable et qu'ils ont tout intérêt à déserter. Deux jours plus tard, le commandant allemand de la forteresse se rend et les mutins polonais rejoignent les rangs de la Résistance.

Christine Granville est fière de son exploit mais sa joie est de courte durée. Elle apprend que son chef, Francis Cammaerts, a été arrêté par la Gestapo avec deux autres agents. Ils sont enfermés dans la prison de Digne où ils attendent d'être fusillés. Décidée à les libérer, Christine parcourt à vélo les 40 km qui la séparent de Digne. Avec l'audace qu'on lui connaît, à son arrivée, l'espionne décide de rencontrer l'officier de la Gestapo chargé des prisonniers. « Écoutez, leur dit-elle. Je suis anglaise. Je suis la femme de Francis Cammaerts, mais aussi la nièce du général Montgomery. » La nièce de Montgomery… le général britannique qui, pendant le débarquement en Normandie, commandera les forces terrestres alliées. Quel culot, cette Christine Granville ! Elle menace : « Les hommes que vous avez capturés sont des agents alliés très importants. Si quelque chose leur arrive, je vous préviens, les représailles pour vous et vos hommes seront terribles. » Les mots de Christine sont d'autant plus percutants que – les Allemands le savent – les Alliés viennent de débarquer en Provence, le 15 août 1944.

Après une discussion tendue de plus de trois heures, l'officier allemand accepte finalement de libérer les prisonniers, à condition que les Britanniques le protègent de la vengeance des Français, mais aussi qu'ils lui versent 2 millions de francs. Christine, ne pouvant répondre seule à cette question, repart à vélo, rejoint son poste émetteur et envoie un message à ses chefs à Londres. Le soir même, les 2 millions de francs sont largués d'un avion de la Royal Air Force. Le lendemain au petit matin, juste avant l'heure prévue pour leur exécution, les prisonniers sont libérés. On le comprend, ces trois hommes voueront à Christine Granville une reconnaissance éternelle.

En 1945, quand la guerre est finie en Europe, Christine Granville, rentrée en Angleterre, retrouve son compagnon Andrzej Kowerski. Quand il lui propose de l'épouser et de venir vivre avec lui en Allemagne, trop attachée peut-être à sa liberté, elle refuse.

L'espionne voit son courage honoré par les récompenses les plus prestigieuses : la George Cross*, l'Ordre de l'Empire britannique, et la Croix de guerre française. En même temps, le gouvernement de Londres ne sait pas vraiment comment reclasser cette femme hors normes, plus à l'aise dans l'action que derrière un bureau. D'autant que sa véritable nationalité est polonaise. Christine espère d'ailleurs rentrer dans son pays mais la Pologne, après l'occupation allemande, est passée sous influence soviétique. L'héroïne du SOE doit attendre fin 1946 pour qu'enfin la nationalité britannique lui soit accordée. Par fierté, elle ne réclame ni poste ni pension et survit avec des emplois de serveuse, de vendeuse ou de femme de ménage. En 1951, poussée par le désir de voyager, elle embarque comme hôtesse sur un paquebot de croisière. C'est durant cette traversée qu'elle fait la connaissance de Dennis Muldowney, un employé du bateau qui tombe amoureux d'elle. Trop au goût de Christine, qui fait tout pour l'éloigner.

Le 15 juin 1952, alors qu'elle rentre tard au Shellbourne Hotel, dans le quartier de Kensington à Londres, Muldowney l'attend. Quand Christine lui demande de la laisser tranquille, il la tue d'un coup de couteau. Terrible ironie du sort : celle qui avait échappé mille fois à la mort pendant la guerre meurt en temps de paix, sous les coups d'un harceleur, à l'âge de 44 ans, inconnue du grand public, comme il se doit pour tout espion. Elle est enterrée au cimetière catholique St Mary de Londres.

Muldowney sera condamné à mort pour ce crime et pendu. Andrzej Kowerski, l'amant et le compagnon avec lequel Christine avait accompli quelques-unes de ses plus folles missions en Pologne occupée, ne se mariera jamais. Et quand il meurt en 1988, à l'âge de 78 ans, ses cendres sont enterrées, à sa demande, au pied de la tombe de Krystyna Skarbek, *alias* « Christine Granville », cette espionne qui aimait passionnément la liberté.

COLONEL PASSY
1911-1998

André Dewavrin, l'espion du Général

André Dewavrin, nom de code « Passy », est un personnage de légende : celle des combattants de la France libre, de cette poignée d'hommes qui, dès juin 1940, a rallié de Gaulle en Angleterre.

Partant de rien, André Dewavrin crée à Londres les services secrets de la France libre, le Bureau central de renseignement et d'action (BCRA). Sous son autorité, près de 2 000 agents ont mené des missions de renseignement et de sabotage en France occupée jusqu'en 1945. Le renseignement, on l'oublie souvent, a joué un rôle clé dans la préparation du Débarquement et dans la libération du territoire. Sur le plan militaire, mais aussi politique. C'est en effet grâce au BCRA, donc grâce à Passy, que le général de Gaulle a pu asseoir son autorité sur la Résistance et s'imposer à la table des vainqueurs.

André Dewavrin, futur « colonel Passy », n'a que 29 ans quand il débarque à Londres le 30 juin 1940 et que, le lendemain, il rencontre pour la première fois le général de Gaulle. À contempler les photos prises de lui cette année-là, on est frappé par son apparence très juvénile : un garçon blond aux joues rondes, des lèvres charnues, des yeux clairs et espiègles. Ce jeune militaire qui ne connaissait absolument rien au renseignement s'est révélé un maître-espion redoutable et, jusqu'à la fin de la guerre, un allié indispensable de De Gaulle.

Rien dans la jeunesse d'André Dewavrin ne laisse présager son destin hors du commun. La guerre sera le déclencheur de sa métamorphose. Né en 1911 dans une famille de la bourgeoisie du Nord, André, orphelin de père, grandit à Paris avec sa mère et ses quatre frères et sœurs. Très bon élève, il étudie au lycée Louis-le-Grand puis, en 1932, après une licence de droit, intègre la prestigieuse École polytechnique, dont il gardera toujours un mauvais souvenir. En 1933, âgé de 22 ans, le jeune homme sage se marie avec Jeanne-Marie Gascheau, avec qui il aura deux enfants. Elle le rejoindra à Londres où elle travaillera dans l'administration du BCRA. Ils divorceront après guerre.

En sortant de Polytechnique, André intègre l'armée, dans le génie. En 1938, il devient professeur de fortifications à l'École militaire de Saint-Cyr.

Un de ses condisciples se souvient de lui à l'époque : « C'était un bon petit lieutenant du génie qui vivait les pieds dans ses pantoufles auprès de sa Jeannette » ! Déjà, pourtant, un semblant de révolte couve en lui : tout officier qu'il est, André Dewavrin, en cette fin des années 1930, n'a aucune confiance dans les militaires et c'est avec pessimisme qu'il voit la France s'engager dans la guerre en septembre 1939.

Après des mois de la déprimante « drôle de guerre », André, devenu capitaine, se porte volontaire pour partir combattre en Norvège, alors envahie par les nazis. Il s'illustre héroïquement à la bataille de Narvik. Quand on apprend l'invasion allemande, les Français doivent évacuer la Norvège. Cet abandon ordonné par l'état-major suscite honte et amertume chez le jeune officier. Il ignore qu'à cette débâcle norvégienne va très bientôt succéder celle de la France.

Débarqué à Brest le 17 juin 1940, André Dewavrin entend à la radio le maréchal Pétain appeler les Français à cesser le combat. Un discours défaitiste qui, pour le futur résistant, constitue un point de bascule. Hors de question de rester en France : il embarque sur un navire qui, un peu par hasard, l'amène en Angleterre le 21 juin. Une nouvelle aventure commence.

C'est aussi par hasard que l'officier français entend à la BBC un appel lancé par un certain général de Gaulle. Que faire ? Rentrer en France où il aurait pu bénéficier d'une situation relativement confortable ? Dewavrin n'hésite pas longtemps. Le 1er juillet, arrivé à Londres, il se rend à St Stephen's House, le modeste immeuble où, une semaine plus tôt, un petit appartement a été prêté à la hâte à de Gaulle par les Anglais.

C'est ainsi qu'André Dewavrin rencontre le général pour la première fois. L'échange est bref et les questions, très factuelles. Le jeune officier est stupéfait. D'abord par la froideur de l'homme qui lui « laisse ce jour-là une effroyable impression ». Ensuite par la fonction que le général vient de lui confier, alors qu'il vient tout juste de le rencontrer : lui, l'officier du génie, 29 ans, est catapulté à la tête des services secrets de De Gaulle ! Dewavrin ne connaît rien au renseignement, mis à part ce qu'il a pu en lire dans les romans d'espionnage.

Pourquoi de Gaulle le choisit-il ? D'abord, à cette date, le général a plus de postes à pourvoir que de postulants. Il ne choisit donc pas vraiment. Peut-être aussi flaire-t-il, derrière le visage d'ange, une forte détermination et une

« Un immeuble triste, avec une façade jaunâtre. Au quatrième étage d'un escalier raide et morne, on accède à un couloir sombre. À gauche, dans la deuxième pièce, le général. Sa haute silhouette raide se détache à contre-jour sur l'unique fenêtre de son modeste bureau. [...] Nos effectifs restent squelettiques et nous nous demandons si les Anglais ne vont pas nous lâcher. »

LIEUTENANT GIRARD,

cité par Jean-Louis Crémieux-Brilhac, *La France libre*, 1996.

tête bien faite. De toute façon, c'est un pari. Un pari que de Gaulle, nous le verrons, va gagner. En attendant, l'officier – qui n'en mène pas large – se voit allouer un petit bureau, meublé d'une table et de deux chaises. Le lendemain, quand il réclame des moyens, de Gaulle lui répond laconiquement qu'il doit se débrouiller. « De l'argent, je n'en ai pas. Des moyens de transmission, je n'en ai pas. Quant aux hommes, vous n'avez qu'à vous promener dans Londres. Beaucoup de Français s'y trouvent. Choisissez dans le tas. »

En ce début d'été 1940, l'heure est grave. Maintenant qu'Hitler occupe la France, son objectif est d'envahir l'Angleterre. Sur ordre de Churchill qui s'impatiente, le SIS exige que Passy envoie ses agents en France occupée pour y recueillir des renseignements sur les préparatifs allemands d'une invasion. Les Français, qui dépendent des Britanniques, ne peuvent qu'obéir. Dès l'été 1940, des espions fraîchement recrutés par Passy et à peine formés sont envoyés seuls sur le continent. Des missions d'autant plus dangereuses qu'elles sont mal montées et sous-équipées. Les débuts des services secrets de la France libre tiennent encore de l'amateurisme mais ils vont vite progresser… et Passy s'imposer.

Pourtant, cet homme froid et autoritaire dérange. Lui qui a la confiance du général de Gaulle suscite jalousies et rivalités, notamment chez ceux qui ne voient en lui et son équipe qu'une bande de blancs-becs inexpérimentés.

Plus grave, les ennemis de Passy font courir la rumeur qu'avant-guerre, il aurait appartenu à la Cagoule, une organisation d'extrême droite qui, dans les années 1930, cherchait à renverser la République. Bien que sans fondement, cette rumeur aura la vie dure, même après la Libération. Tout le temps de la guerre néanmoins, de Gaulle ne retirera pas sa confiance à Passy. Son intelligence, sa jeunesse, son dynamisme lui sont indispensables. Les sujets de friction ne manquent pourtant pas entre les deux hommes.

Dès 1940, par exemple, Passy est persuadé qu'il ne faut pas limiter son service au renseignement, qu'il faut passer à l'action, commettre des sabotages. De Gaulle ne veut pas en entendre parler. Passy voue une admiration sans borne au général mais travailler avec lui n'est pas simple. Il lui arrivera plusieurs fois de présenter sa démission, qui sera toujours refusée. Autre désaccord : pendant des mois, de 1940 à 1942, Passy cherche à convaincre le général de travailler main dans la main avec les services secrets britanniques. De Gaulle sait ce que la France libre doit à Churchill, mais il n'a pas confiance. Il veut garder le monopole de l'action clandestine sur le sol français. Passy juge cette méfiance absurde mais en réalité, les Anglais ne traitent pas avec lui sur un pied d'égalité. Tous les messages radio que les agents gaullistes en France envoient à Londres sont chiffrés avec le code mis au point par les Anglais ! On est donc loin de la souveraineté souhaitée par de Gaulle.

En 1942, Passy change d'avis : « Les Anglais, dit-il, se foutent de nous. » D'autant qu'il apprend qu'ils ont demandé sa tête à de Gaulle. Ce Passy est trop brillant, trop indépendant à leurs yeux. Encore une fois, de Gaulle ne cède pas. Décidément, les relations avec les Britanniques sont compliquées et le resteront jusqu'au Débarquement.

Comment faire sans eux ? Ils possèdent les armes, les navires, les avions, les postes radios, le matériel de sabotage, et ce sont eux qui forment et entraînent les agents.

Le 10 juin 1942, Passy obtient enfin de De Gaulle ce qu'il réclame depuis deux ans : la fusion du renseignement, de l'action militaire et politique en un service unique qui prend le nom de BCRA et dont il prend la tête. Cette fusion est devenue vitale afin de regrouper tous les mouvements de la Résistance intérieure sous l'autorité du général, en vue de la participation française au Débarquement et pour asseoir l'importance du chef de la France libre auprès des Alliés. Comme les choses ont changé depuis l'été 1940 ! Passy a le sentiment de « sortir du néant et du chaos » et de diriger « un véritable outil de guerre », enfin. Les moyens manquent pourtant encore cruellement.

De nouveaux visages font leur apparition à Londres. Parmi ceux qui vont le plus marquer Passy, celui d'un certain Jean Moulin, jeune préfet devenu résistant. Mais aussi ceux d'autres grandes figures de la Résistance intérieure : Christian Pineau, Emmanuel d'Astier de La Vigerie, Henri Frenay… En avril 1942, c'est au tour du résistant Pierre Brossolette d'arriver à Londres. Cet agrégé d'histoire, ancien journaliste et militant socialiste devient rapidement le numéro 2 du BCRA. C'est avec lui que Passy va accomplir la fameuse mission Arquebuse-Brumaire.

Depuis deux ans, Passy organise la Résistance avec talent. Il ambitionne de partir à son tour sur le terrain et de prendre des risques. L'occasion se présente enfin au printemps 1942. Alors que la Résistance en zone libre a été unifiée par Jean Moulin, celle de la zone occupée est totalement désorganisée. Passy est convaincu que sa présence sur place pourra accélérer l'unification des différents mouvements derrière de Gaulle. Le départ prévu en mai 1942 est annulé à la dernière minute quand on apprend le démantèlement d'un réseau après des arrestations. Passy doit attendre janvier 1943 pour recevoir enfin son ordre de mission du chef de la France libre, et le feu vert de Churchill. Envoyer en France occupée le chef du BCRA est en effet très risqué. Ce serait une catastrophe s'il venait à être arrêté et interrogé par la Gestapo. Pour s'assurer de ne pas parler, Passy s'engage à emporter une capsule de cyanure, cachée dans sa chevalière, et à l'avaler en cas d'arrestation.

Le 26 février 1943, en plein brouillard, Passy quitte Londres pour l'aéroport secret de Tempsford, en compagnie d'un étonnant personnage, Forest Yeo-Thomas, un Anglais parfaitement francophone envoyé par le gouvernement britannique pour participer aux échanges avec la Résistance française.

Avant d'embarquer, les deux espions, comme l'exige la procédure, se débarrassent du moindre objet qui pourrait trahir leur provenance d'Angleterre (un habit de trop bonne qualité, une étiquette sur un col…). On leur fournit leur équipement : casques, bottes en caoutchouc, combinaison, couteau, revolver et faux papiers d'identité. Passy s'appelle désormais André Dubocq. Nom de code : « Arquebuse ». Par cette nuit de pleine lune, l'avion décolle. Une heure et demie plus tard, il survole la Normandie. Au sol, dans un champ, le comité de réception envoie les signaux : le parachutage peut commencer. Passy et Yeo-Thomas sautent dans le vide. Après un atterrissage sans problème,

« Mon général,
Avant de partir, j'ai tenu
à vous écrire ces quelques
lignes pour vous assurer
de mon absolu dévouement
quoi qu'il arrive. Si comme
bien d'autres avant moi,
je tombe à mon poste
de combat, mes dernières
paroles seront de souhaiter
que la France vive
et que Dieu vous permette
de mener à bien la grande mission
que vous vous êtes fixée
et pour laquelle notre patrie
vous a donné mandat. »

COLONEL PASSY,

18 février 1943.

ils sont accueillis par la Résistance locale. Au petit matin, ils prennent un car pour Rouen, puis un train pour Paris.

Quel choc pour Passy de retrouver son pays, qu'il n'a pas revu depuis 1940, meurtri et affamé, et l'ambiance dangereuse et sinistre de Paris, occupée par plus de 30 000 Allemands.

Passy et Yeo-Thomas retrouvent Pierre Brossolette, arrivé en France un mois plus tôt, qui les attend avec impatience. Son nom de code à lui : « Brumaire ». Il a trouvé pour Passy une planque près de la place de l'Étoile : un petit appartement avec une sortie par la cour en cas de descente de police. Passy n'a qu'une crainte : être reconnu dans ce quartier qu'il a fréquenté dans sa jeunesse.

Pendant plusieurs semaines, lors de rendez-vous secrets, Passy, Brossolette et Yeo-Thomas rencontrent les uns après les autres les chefs de la Résistance de la zone nord qu'ils vont, non sans mal, amener à se rallier à de Gaulle et à unir leurs hommes à son armée secrète, placée sous un commandement unique. Les plus difficiles à convaincre sont les communistes, très actifs et très bien organisés. Ils sont prêts à reconnaître l'autorité de la France libre le temps de la guerre, afin d'obtenir de l'argent, des armes et la victoire. Mais après, c'est une autre histoire ! Passy et Brossolette savent que les communistes veulent prendre le pouvoir. Pour l'heure, ils ont besoin d'eux. Pour les rallier, les deux espions proposent aux communistes, comme aux autres mouvements, d'entrer au futur Conseil national de la Résistance (CNR*). Cette ouverture vers les communistes est violemment désapprouvée par Jean Moulin qui en vient presque aux mains avec Brossolette. Les jeux sont faits. Le plus important est là : avec la création du CNR, de Gaulle est reconnu aux yeux de tous comme le chef de la France en guerre. En avril 1943, Passy et Brossolette retournent sans encombre à Londres. Un mois plus tard, ils sont faits compagnons de la Libération par de Gaulle.

La mission qu'ils ont accomplie était en effet vitale. On s'en rendra compte lors du Débarquement, le 6 juin 1944, quand la Résistance se lèvera comme un seul homme pour ralentir la riposte allemande. Entretemps, Jean Moulin et Pierre Brossolette sont arrêtés par les Allemands et meurent sans avoir parlé.

Jusqu'à la fin de la guerre, malgré de nombreuses crises, Passy est maintenu par de Gaulle à la tête de ses services secrets. En 1945, c'est lui qu'il nomme chef du Service de documentation extérieure et de contre-espionnage (SDECE*), le nouveau service de renseignement français.

Véritable légende de la France libre, Passy, qui n'a que 34 ans en 1945, semble promis à un bel avenir. En 1946, une terrible affaire brise net sa carrière politique. Cette affaire est restée très longtemps opaque mais on la connaît mieux aujourd'hui grâce aux travaux de l'historien Sébastien Albertelli. En janvier 1946, de Gaulle, en désaccord avec ce qu'il appelle le régime des partis, démissionne de son poste de président du Conseil. Passy décide de démissionner à son tour. Peu de temps après, une enquête diligentée par le nouveau gouvernement révèle de graves malversations dans les comptes de la France libre : Passy est accusé d'avoir constitué une caisse noire et de ne pas en avoir informé son successeur. Les sommes sont importantes : 77 millions de francs de l'époque. Passy explique avoir constitué cette caisse noire en prévision d'une éventuelle invasion soviétique à la Libération. L'enquête révèle aussi que 10 millions étaient destinés au journal *France Soir* pour financer un possible soutien politique, et que Passy a empoché 1 million de francs à titre personnel. Le scandale est énorme, attisé par la presse communiste : comment le maître-espion de De Gaulle, qui a reconnu les faits, a-t-il pu descendre si bas ?

Les proches de Passy mettent en cause sa nouvelle épouse. À la Libération en effet, il a divorcé de Jeanne pour épouser Pascale Féline, une femme que l'entourage de Passy accuse d'avoir collaboré avec l'occupant et d'aimer l'argent. L'argument est-il fondé ou purement misogyne ? Nul ne le sait.

Après quatre mois de prison, Passy, très meurtri, persuadé d'avoir été victime d'un complot, se met à écrire ses mémoires pour régler ses comptes. Des mémoires qui ne plaisent pas du tout à de Gaulle. En 1958, quand le général revient au pouvoir et que Passy espère obtenir un poste, de Gaulle ne répond pas. Passy dit adieu à la politique et, jusqu'à sa retraite, fait carrière dans le privé. En 1969, Jean-Pierre Melville, réalisateur de cinéma et ancien résistant, lui fait jouer son propre rôle dans son film sur la Résistance, *L'Armée des ombres*, au côté de Lino Ventura. Par amitié, Passy accepte. Après le cinéma, un autre joli coup de théâtre : en 1981, l'ancien maître-espion de De Gaulle apporte son soutien au candidat socialiste François Mitterrand.

Le 20 décembre 1998, André Dewavrin, *alias* « Passy », le jeune homme au visage d'ange qui, en 1940, créa les services secrets de la France libre à partir de rien, s'éteint dans son sommeil à l'âge de 87 ans.

MATEI HAIDUCU
1948–1998

L'espion roumain qui refusa de tuer

Pendant la guerre froide,
ce Roumain était un
de ces nombreux agents secrets
qui espionnaient en France
pour le compte du régime
communiste de Ceausescu.
Un patriote qui agissait par idéal
politique. Mais quand il reçoit
l'ordre de tuer, Matei Haiducu
décide de faire défection à l'Ouest.

Un jour de 1982, Matei Haiducu, officier de renseignement en apparence docile, accomplit l'impensable : il décide de désobéir à la Securitate*, la terrible police secrète roumaine, et de faire défection. Il venait de recevoir de Bucarest une mission impossible : éliminer deux dissidents roumains, Paul Goma et Virgil Tanase, écrivains réfugiés politiques en France. L'ordre vient de très haut, de Nicolae Ceausescu lui-même, ce dictateur mégalomane et paranoïaque qui dirige alors la Roumanie d'une main de fer.

Parce qu'il refusa de tuer, Matei Haiducu fit défection à l'Ouest, ce qui permit aux deux écrivains d'échapper à la mort. L'affaire ne s'arrêta pas là : pour protéger l'espion roumain, désormais agent double, les services secrets français montèrent l'une des plus incroyables opérations de mystification de leur histoire, à la barbe de Ceausescu et avec la bénédiction (secrète bien sûr) du président de la République française d'alors, François Mitterrand. L'opération était risquée et allait révéler l'intense activité à l'Ouest du renseignement roumain, mais aussi, pour ceux qui l'ignoraient encore, la réalité criminelle du régime de Ceausescu.

Matei Haiducu naît en Roumanie en 1948. Cela fait quatre ans que le pays est passé sous le joug soviétique. Son père, fervent communiste, est un cadre du Parti. Pendant l'enfance de Matei, l'homme fort de la Roumanie s'appelle Gheorghe Gheorghiu-Dej, un stalinien pur et dur. Nicolae Ceausescu lui succède en 1965. Tout en confortant son pouvoir personnel, le nouveau secrétaire général du Parti communiste roumain cherche à donner de son pays l'image d'une nation fréquentable et prospère.

En réalité, loin de la propagande, les Roumains ont faim. « Il faut lutter contre l'obésité », explique Ceausescu. Les Roumains ont peur. La Securitate exerce une menace permanente sur la population. Chaque usine, chaque quartier, chaque immeuble, a son sécuriste en chef. Dans sa folie paranoïaque, Ceausescu en vient à exiger de sa police qu'elle enregistre les voix de tous les citoyens. Les opposants sont envoyés en camp, internés en hôpital psychiatrique ou tout simplement éliminés. Au début des années 1970, le régime prend une tournure de plus en plus mégalomaniaque : à travers des cérémonies grandioses, Ceausescu et son épouse Elena organisent un véritable culte de la personnalité qui leur est dédié. Persuadé d'être un être supérieur, le « génie des Carpates » lance son pays dans des projets pharaoniques, véritables gouffres financiers.

C'est sous le règne de Ceausescu que Matei Haiducu est recruté par la Securitate. Depuis toujours, pour faire honneur à son père, Matei est un élève sérieux et studieux. En toute logique, il intègre la meilleure université, celle qui forme l'élite du pays. Celle aussi où la Securitate prospecte ses futures recrues, en toute discrétion, sans leur demander leur avis. Ce n'est qu'après une première sélection que certains étudiants sont officiellement contactés. Matei Haiducu a 21 ans lorsqu'un jour d'octobre 1969, il reçoit un coup de téléphone : « Je décroche. D'une voix sans timbre, l'homme au bout du fil me dit qu'il travaille au ministère du Commerce extérieur. Il désire me voir. Aujourd'hui. »

La rencontre a effectivement lieu le jour même, dans un café de Bucarest. Matei Haiducu ne sait pas à qui il a affaire. En revanche, à son grand étonnement, l'homme qui lui fait face sait tout de lui. Ce n'est qu'après plusieurs rendez-vous que son futur instructeur lui annonce que les services secrets souhaitent le recruter. En Roumanie, devenir officier du renseignement est la promesse d'une belle carrière et d'un bon salaire. Comme il le dira plus tard, c'est par amour de la patrie qu'il donne son accord.

Pour les services secrets roumains, Matei Haiducu est une bonne recrue : il a le sens de l'investigation et de la psychologie, du sang froid et une excellente mémoire. Il parle français, russe, allemand et anglais et, surtout, il est prêt à tout pour la cause, même à ne rien révéler de ses activités à ses proches, à passer à leurs yeux pour un traître quand un jour il partira à l'étranger. En devenant espion, Matei Haiducu sert son pays, mais découvre aussi une solitude extrême.

Parallèlement à sa formation d'agent secret, Matei commence à travailler comme ingénieur commercial dans une société roumaine d'exportation de wagons. Une excellente couverture quand un jour il sera envoyé espionner en France. D'ailleurs, l'heure approche.

Matei Haiducu construit sa légende pas à pas : celle d'un Roumain fatigué de son pays, qui cherche par tous les moyens à obtenir un passeport et à fuir à l'Ouest où il a de la famille, ce qui est très mal vu par le régime communiste. Une légende si bien jouée, si crédible, qu'il est plusieurs fois arrêté et interrogé par la police. Des interrogatoires musclés, dont il pourra aussi se prévaloir en France pour obtenir un statut de réfugié politique. Il fait si bien qu'en 1975, il réussit à se faire licencier de son emploi et à obtenir un passeport. En apparence, Matei Haiducu est devenu un citoyen indésirable. En juillet 1975, c'est le grand départ.

La France de 1975, c'est Valéry Giscard d'Estaing président de la République, la loi Veil qui libéralise l'avortement, 1 million de chômeurs pour la première fois dans le pays, Joe Dassin qui chante *L'Été indien* et Nino Ferrer, *Le Sud*… Dès son arrivée, le faux exilé-vrai espion agit selon le scénario établi à Bucarest. Première étape : obtenir l'agrément de l'Office français de protection des réfugiés et apatrides (Ofpra).

Assez rapidement, Matei trouve un travail pour vivre et justifier de la « sincérité » de ses intentions vis-à-vis de la France. Il doit aussi élaborer un plan d'exfiltration s'il venait à être repéré : en cas de problème, il devra traverser le Jura, passer en Suisse, de là en Autriche, où la route vers la Roumanie est ouverte.

« Paris, quelle joie !
J'arrivai par l'avion
régulier, et retrouvai
mon cousin venu m'accueillir.
J'étais heureux. Enfin,
j'allais pouvoir tenir
mon rôle. Enfin, j'allais pouvoir
donner à mon pays l'aide
qu'il attendait de moi,
en retour de ce capital énorme
dont il m'investissait. »

MATEI HAIDUCU.

Matei Haiducu est ce qu'on appelle un « illégal » ou « agent dormant », un espion qui a pour mission de se fondre dans la masse : un investissement à long terme en quelque sorte. L'ex-étudiant brillant travaille d'abord comme magasinier dans une usine, ce qui lui permet au bout de deux mois seulement d'obtenir ses papiers de réfugié politique et sa carte de travail. Sa situation s'améliore quand il devient courtier en assurances. Il peut alors louer un studio dans le XVe arrondissement de Paris.

Tous les 17 jours à une heure précise, Matei communique avec Bucarest par radio en utilisant une fréquence particulière. Il envoie également par la poste des numéros de *Paris-Match* remplis de messages invisibles. Autre moyen classique de l'espionnage, la boîte aux lettres morte : des messages à l'intention de l'agent roumain sont déposés dans l'anfractuosité d'un mur près de chez lui. Messages que Matei retire d'un geste rapide et discret avant de s'en aller, mine de rien.

Ce n'est qu'en 1976 que ce M. Tout-le-monde commence sa vraie mission : espionner l'industrie française. Il travaille d'abord dans une société de robinetterie qui exporte beaucoup vers les pays de l'est, ce qui permet à Matei de se rendre régulièrement en Roumanie sans éveiller les soupçons du contre-espionnage français.

Pendant neuf longues années, Matei Haiducu envoie en Roumanie des renseignements économiques d'une grande valeur : les plans de centrales nucléaires ou ceux de l'aéroport Charles-de-Gaulle… L'espion roumain a parfaitement réussi son infiltration de la société française : un emploi, une épouse française, Marie, qui ne sait rien de ses activités d'espionnage, bientôt des enfants, et même la naturalisation. En 1978, tout faillit bien basculer.

Cette année-là, Ion Pacepa, le responsable suprême pendant près de vingt ans de la Securitate, fait défection à l'Ouest. Une catastrophe pour la Roumanie, car Pacepa donne des noms. Matei Haiducu voit débarquer chez lui des agents de la DST*, le contre-espionnage français. Par chance pour lui, ils ne trouvent rien. Notre espion peut souffler.

Haiducu a eu très peur. Plus grave, il est assailli par le doute. Le régime auquel il a juré fidélité, et pour lequel il ment à sa femme et à ses enfants, n'est pas le communisme radieux dont il rêvait dans sa jeunesse. À chaque séjour en Roumanie, il est frappé par la peur et par la misère dans lesquelles vivent ses compatriotes. À l'inverse, l'espion roumain a pris goût au pays qui l'a accueilli et à la démocratie.

C'est dans ce climat de doute que, le 13 janvier 1982, alors que Matei Haiducu est à Bucarest, le général Plesita, le chef des services secrets, lui donne un ordre qui le stupéfie : « Il faut éliminer Virgil Tanase et Paul Goma. Cela fera tellement plaisir au Camarade Ceausescu ! »

On lui demande de tuer. Les hommes qu'il est chargé d'abattre sont deux écrivains exilés en France qui ont eu la mauvaise idée de critiquer Ceausescu. Virgil Tanase, 36 ans, est romancier, auteur de théâtre et metteur en scène. Il a osé écrire dans *Actuel*, le magazine branché de l'époque, un article qui ridiculise Ceausescu. Paul Goma, 47 ans, qui a connu la prison et les camps, est un des signataires de la Charte 77, cette pétition d'intellectuels en faveur des droits de l'homme.

Cela fait longtemps que la Roumanie communiste traque et persécute les intellectuels qui osent s'opposer au régime. La France, terre d'accueil de nombreux exilés, est considérée par Bucarest comme le principal foyer de l'opposition à l'étranger et, du même coup, comme la cible prioritaire de la Securitate. En 1965, elle a tenté de faire revenir au pays le célèbre dramaturge d'origine roumaine Eugène Ionesco. En 1975, c'est l'écrivain Emil Cioran qui était visé. La Securitate peut se montrer plus agressive et violente. Une de ses principales cibles est Radio Free Europe*, cette radio anticommuniste, basée à Munich, en Allemagne, qui diffuse de l'autre côté du Rideau de fer. Les dissidents exilés qui animent les émissions paient parfois leur engagement de leur vie. Matei Haiducu est-il prêt à obéir à l'ordre de tuer de Ceausescu ? D'ailleurs, a-t-il le choix ? S'il refuse, il sera immédiatement condamné comme déserteur.

La mort dans l'âme, il accepte sa mission. Le général Plesita remet à Haiducu la précieuse pilule de poison dissimulée dans un stylo à bille destinée à tuer Paul Goma. Dilué dans un verre d'eau, le poison doit provoquer un infarctus au bout de 48 heures. Or, comme Paul Goma est cardiaque, la mort semblera naturelle. Quant à Virgile Tanase, Haiducu est chargé de l'enlever avant de l'éliminer.

Cependant, quand l'espion roumain rentre en France, sa décision est prise : il fait défection. D'abord, il révèle tout de son espionnage à son épouse et lui propose de divorcer. Cette femme courageuse et sans doute amoureuse refuse et décide au contraire de soutenir son mari.

« Tuer, dans notre métier, on en est capable. On nous l'a appris. Mais tuer pour tuer, tuer pour faire plaisir, uniquement pour le bon plaisir d'un homme, fût-il le président, est au-dessus de mes forces. Contraire à mes principes. »

MATEI HAIDUCU.

Matei Haiducu prend alors contact avec la DST qui lui donne rendez-vous à la brasserie La Rotonde, boulevard du Montparnasse, à Paris. Devant les agents français qui n'en croient pas leurs oreilles, l'espion roumain déballe le plan d'assassinat ordonné par Ceausescu. Il leur fait aussi comprendre que si la Securitate découvre qu'il a désobéi, elle se vengera sur sa famille restée en Roumanie.

La DST a alors l'idée de monter un plan digne d'un scénario de film : afin de ne pas éveiller les soupçons de la Securitate et de laisser à Matei Haiducu le temps d'exfiltrer sa mère et son frère, elle organise un faux enlèvement pour Virgil Tanase et, pour Paul Goma, un faux empoisonnement. Avertis, les deux écrivains acceptent de jouer cette comédie, mais à une condition, très politique : que le gouvernement français condamne officiellement le régime de Ceausescu.

Matei Haiducu informe ses supérieurs à Bucarest qu'il va empoisonner Paul Goma le 18 mai, à l'hôtel Lafayette-Concorde, lors d'une conférence sur les Droits de l'homme à laquelle l'écrivain doit participer. Le jour J, Haiducu fait passer à Paul Goma un verre dans lequel a été placé le poison. Avant que l'écrivain n'ait le temps de le boire, un agent de la DST le bouscule et renverse le verre. Une mise en scène, au cas où un agent de la Securitate serait présent dans la salle. Deux jours plus tard, Virgil Tanase est kidnappé en pleine rue à Paris.

Sous le choc, le monde politique et la presse s'indignent : comment un écrivain réfugié en France a-t-il pu être enlevé en plein Paris ? On compare cet enlèvement à celui de l'opposant marocain Ben Barka en 1965. On manifeste devant l'ambassade de Roumanie qui, bien évidemment, nie toute implication dans l'affaire. Le 9 juin, lors d'une conférence de presse du président de la République, le journaliste Dominique Jamet, visiblement énervé par l'apparente passivité de François Mitterrand, l'interpelle au sujet de Virgil Tanase. Le président de la République lui répond : « Je n'ai rien négligé. C'est une affaire que j'ai suivie de jour en jour. S'il était démontré l'hypothèse tragique que M. Tanase a disparu pour ne pas reparaître, cela entamerait sérieusement la nature des relations entre la Roumanie et la France. Je répète : je n'ai rien négligé. Et vous me laisserez le soin de vous dire un peu plus tard ce qui est, en toute certitude, et sur lequel j'ai besoin encore d'un peu de temps. Cette conclusion, je vous la communiquerai et je la rendrai publique, soyez-en sûr. »

Une réponse sibylline, prononcée avec un léger sourire. Car bien sûr, le président de la République sait tout depuis le début du faux enlèvement monté par la DST, pour lequel il a donné son feu vert.

Le 28 juillet, alors que le secret est toujours bien gardé, Mitterrand (comme promis aux deux dissidents roumains) donne à l'affaire une dimension diplomatique en annonçant qu'il annule sa visite officielle en Roumanie prévue six mois plus tard. Pendant ce temps, Matei Haiducu est reparti en Roumanie, où (incroyable ironie !) l'agent qui a prétendument réussi à éliminer Virgil Tanase est accueilli personnellement par Ceausescu qui lui remet une décoration et l'embrasse.

Le vrai-faux héros, qui a obtenu une semaine de vacances en guise de récompense, en profite pour filer à l'Ouest avec l'intention de ne jamais revenir. Coup de chance : il passe la frontière juste à temps pour éviter le pire. Car à peine a-t-il quitté la Roumanie que Matei Haiducu apprend qu'en France, l'hebdomadaire *Le Nouvel Obs*, sous la plume d'Albert Du Roy, évoque l'hypothèse d'un faux enlèvement de Virgil Tanase. L'information a donc fuité, on ne sait pas à cause de qui. C'est une catastrophe pour Matei Haiducu qui sait que la vengeance de Ceausescu sera impitoyable. Rien n'est plus dangereux qu'un dictateur humilié... La DST organise alors la protection de son épouse et de leur enfant qui sont conduits en urgence dans un lieu secret.

Tout va très vite. Le 31 août, la nouvelle du faux kidnapping est confirmée : à Paris, Paul Goma, Virgil Tanase et Matei Haiducu, conscients que, pour se protéger, ils ont intérêt désormais à donner le maximum de publicité à l'affaire, montent le jour même une conférence de presse dans les locaux d'*Actuel*. Sous les crépitements des appareils photo, la scène est proprement surréaliste : les deux écrivains roumains révèlent le projet criminel de Ceausescu et, assis à côté d'eux, barbe en collier, lunettes fumées, figure l'espion qui avait été chargé de les tuer et qui, au contraire, leur a sauvé la vie.

Pour la Roumanie, cette mise en lumière rend plus difficile une vengeance sur Paul Goma, Virgil Tanase et Matei Haiducu. Alors que le régime de Ceausescu se maintient dans toute sa violence jusqu'en 1989, Matei Haiducu change de nom et part avec sa famille en Bretagne pour tenter de se faire oublier. L'ex-espion écrira ses mémoires en 1984, puis ne fera plus parler de lui jusqu'à sa mort en 1998.

JEAN
CLÉMENTIN
1924-2023

Journaliste du *Canard enchaîné* et agent du STB

En février 2022, les Français apprennent avec stupeur que Jean Clémentin, ancien journaliste du *Canard enchaîné*, a été pendant plus de dix ans un agent zélé et stipendié de la Tchécoslovaquie communiste.

C'est Vincent Jauvert, de *L'Obs*, qui a révélé l'affaire grâce à l'historien tchèque Jan Koura. Ce dernier a découvert dans les archives de son pays qu'un Français, un certain Pipa, agent n° 41582, a travaillé pour Prague aux pires heures de la guerre froide. L'historien n'eut pas de mal à remonter le fil et à déceler qui se cachait derrière ce nom de code et ce numéro.

Jean Clémentin, nom de plume Jean Manan, a été longtemps une figure du Tout-Paris politique et mondain, un des plus célèbres journalistes français des années 1960-1970, aussi à l'aise dans les couloirs du Parlement que dans les antichambres des ministères et de l'armée. Ses articles au vitriol étaient aussi attendus du public que redoutés du pouvoir. C'est lui qui, au fil des années, a fait du *Canard* satirique un véritable hebdomadaire d'investigation à l'américaine. Un personnage en apparence sympathique, la bouille gourmande, le sourire malicieux, la pipe toujours à la bouche. On ignorait que, de 1957 à 1969, il avait travaillé pour le STB*, les services secrets de la République socialiste tchécoslovaque.

Ce régime communiste était né au lendemain de la Seconde Guerre mondiale quand, sous la pression de l'Union soviétique, le Parti communiste tchécoslovaque avait pris le pouvoir lors du Coup de Prague, en février 1948. Sur le modèle stalinien, un régime autoritaire extrêmement répressif se mit en place et perdura jusqu'à la révolution de Velours, en 1989. L'épisode le plus emblématique du régime fut le procès de Prague en 1952, appelé aussi « procès Slansky », du nom du principal accusé. Un procès dans le plus pur style stalinien, qui visait à éliminer quatorze cadres du Parti accusés d'espionnage, de trotskisme ou de sionisme, sur la base d'aveux extorqués qui n'avaient aucun fondement. La majorité des accusés furent condamnés à mort et pendus. Ce procès au retentissement mondial jetait une lumière crue sur la réalité du régime. À l'Ouest donc, pour qui le souhaitait, il était simple de savoir, *a fortiori* pour un journaliste.

C'est pourtant ce régime que, sept ans plus tard, Jean Clémentin choisira de servir. Comment expliquer qu'une des meilleures plumes du *Canard enchaîné*, cet hebdomadaire satirique si soucieux de son indépendance, véritable symbole de la liberté d'expression, ait pu se vendre à un des régimes totalitaires les plus sinistres et les plus criminels du bloc de l'Est ? Motivation politique ? Appât du gain ? Obscur désir de transgression ? Il faut remonter à la jeunesse de Jean Clémentin pour tenter de dénouer les fils.

Jean Clémentin naît en 1924 en Normandie, dans une famille catholique et conservatrice qui l'envoie faire sa scolarité chez les Jésuites. Les notices biographiques concernant son enfance sont floues : son père est soit un agriculteur, soit un officier à la retraite. En tout cas, le jeune homme semble entretenir avec lui une relation conflictuelle. Pourtant, le futur espion communiste n'a encore rien d'un rouge : lui-même reconnaîtra avoir eu dans sa jeunesse des « opinions quasi fascistes ».

On en sait plus sur le Clémentin d'après guerre. En 1950, le jeune homme, qui n'a pas vraiment fait d'études, part en Indochine pendant trois ans comme reporter à l'agence de presse de l'état-major. Cet épisode indochinois est doublement décisif. C'est là-bas que Jean Clémentin apprend sur le tas le métier qui sera le sien toute sa vie : journaliste. Il y révèle sans doute un certain talent puisqu'il est rapidement engagé par l'agence Associated Press. En Indochine, Clémentin découvre aussi la guerre, l'armée française et la réalité coloniale dans toute sa violence. L'occasion pour lui d'un revirement politique profond. Le jeune Français choisit le camp du Vietminh, le combat contre l'impérialisme et pour le socialisme.

Quand il rentre en France, Clémentin postule en toute logique à *Libération*, le journal créé par Emmanuel d'Astier de La Vigerie qui, après guerre, devient un grand quotidien, proche du Parti communiste. En 1954, la rencontre d'un diplomate de l'ambassade de Tchécoslovaquie l'emmène plus loin : le camarade Krajicek, qui travaille pour les services secrets, réussit sans mal à le convaincre de travailler pour lui à titre de « contact confidentiel ». Jean Clémentin, 30 ans, vient de mettre le pied dans un dangereux engrenage auquel il prendra goût. Grâce à ses contacts dans l'état-major, il apporte à son officier traitant des renseignements sur l'armée française en Indochine.

En novembre 1956, le soulèvement populaire en Hongrie, autre pays du bloc de l'Est, est écrasé dans le sang et les larmes par l'Armée rouge. Contrairement à beaucoup de compagnons de route du Parti communiste, Jean Clémentin n'est en rien ébranlé par les événements de Budapest. À son officier traitant, il continue d'affirmer son admiration pour les démocraties populaires et son espérance qu'un jour la France en fera partie, même au prix d'une invasion russe.

D'ailleurs, en France, les services secrets tchécoslovaques ne se contentent pas de récolter des renseignements. Il leur arrive de tuer. En 1957 par exemple, sur ordre du KGB soviétique, le STB monte un attentat à la préfecture du Bas-Rhin où, le 4 mai, une réception doit réunir des personnalités européennes. L'explosion d'un colis piégé coûte la vie à l'épouse du préfet. On ne sait pas si Jean Clémentin a eu vent de cette affaire. En tout cas, en 1957, son activité d'espionnage monte d'un cran quand l'agent désintéressé qu'il était accepte de se faire payer.

Il y a autre chose. Les auteurs d'un rapport des services tchèques le notent : « Pipa aime les femmes et ne s'en cache pas. Il nous dit qu'il a cinq maîtresses et il en est fier. »

Pipa sans doute exagère. Mais sa vie compliquée, entre adultère et espionnage, a un coût auquel le STB va

« Ma situation financière
n'est pas bonne.
J'aimerais m'acheter
un appartement mais
je n'y arrive pas. J'aimerais
bien aussi une voiture.
J'en ai assez de circuler
dans Paris à scooter. »

JEAN CLÉMENTIN.

répondre avec générosité et pragmatisme. Un agent stipendié est en effet plus facile à manipuler. Grâce au STB, Clémentin s'achète bientôt une voiture et une maison à Meudon, banlieue bourgeoise de Paris. Pour le STB, ce journaliste est précieux. Il a ses entrées partout, que ce soit au Quai d'Orsay, dans l'armée, au SDECE ou à l'Otan dont le siège est alors à Paris. Surtout, à la fin des années 1950, Jean Clémentin entre au *Canard enchaîné*, le fameux hebdomadaire satirique, où il devient bientôt le chef du service politique. Une excellente nouvelle pour le STB.

À cette époque, *Le Canard enchaîné* consacre une grande partie de ses colonnes au sujet qui intéresse le plus les Français : la guerre d'Algérie. Jean Clémentin fait partie des rares journalistes à se rendre sur place. Sa rubrique, « L'ami des bidasses », raconte le quotidien sordide des soldats français engagés en Algérie, avec humour forcément (c'est la règle au *Canard* !), mais aussi avec des détails si précis que les autorités militaires en viendront à enquêter sur l'origine des sources de l'hebdomadaire satirique.

À partir des années 1960, Jean Clémentin ne se contente plus de fournir des renseignements au STB. Il participe à plusieurs opérations actives de désinformation. La chose semble impensable : le chef du service politique du *Canard enchaîné*, qui a construit sa renommée sur son indépendance, va signer de son nom et publier des articles commandés et dictés par le STB, et, à travers lui, par le KGB soviétique.

Généralement, Jean Clémentin rencontre son officier traitant dans des cafés du quartier Montparnasse, à Paris. Respectant la procédure, le journaliste-espion met deux heures à arriver à son rendez-vous afin de semer d'éventuels suiveurs. Le 19 septembre 1963, au café Pasteur, Motl, son officier traitant du STB, lui confie une mission très délicate. Son nom de code : opération Narcis. Clémentin devra publier un faux testament politique de Konrad Adenauer fabriqué par le STB.

Adenauer… Le grand chancelier ouest-allemand de l'après-guerre, l'homme politique avec qui de Gaulle a noué l'amitié entre la France et l'Allemagne, les deux ennemis d'hier. En 1963, Adenauer, 86 ans, est contraint à la démission à la suite de divisions au sein de son parti chrétien-démocrate. Ses adversaires lui reprochent sa politique trop favorable à la France, pas assez pro-américaine.

Deux semaines plus tard, Jean Clémentin publie dans *Le Canard enchaîné* « Le testament de mon Conrad », un article très caustique dans lequel le journaliste évoque « les combines mises au point entre les deux vieux messieurs » – comprenez Adenauer et de Gaulle. L'objectif du STB est de semer la zizanie chez les chrétiens-démocrates allemands et du même coup d'affaiblir la construction européenne. L'article ne provoquera pas le scandale escompté mais l'agent Pipa reçoit 4 000 Deutschmarks. Une belle somme.

En juillet 1964, autre opération de désinformation : Clémentin, sous son nom de plume Jean Manan, signe « Dans le trou à rats », un article où il « révèle » de pseudo-menées américaines en Éthiopie contre les intérêts français. Des informations fausses bien sûr, fournies par le STB, qui visent cette fois à détériorer les relations franco-américaines. Motl prévient l'agent Pipa : « Si on vous demande quelles sont vos sources, vous répondez que vous avez été averti par des lettres anonymes. »

Entre deux actions de désinformation, l'agent Pipa continue de fournir à Motl des renseignements sur la vie politique française. Ses sources semblent parfois fumeuses. Il n'empêche, à chaque rendez-vous, Motl glisse deux billets de 500 francs dans la main de Clémentin. À la longue, les deux hommes lient une relation presque amicale. Un jour de 1965, Clémentin, contrevenant aux règles élémentaires de sécurité, n'hésite pas à inviter son officier traitant chez lui, à Meudon. « Pipa était de très bonne humeur, raconte Motl. Il m'a fait visiter la maison de la cave au grenier et m'a présenté des plans d'aménagement. » Le même jour, dans un élan de générosité, Motl propose à l'épouse de Clémentin qui doit subir une opération chirurgicale de prendre en charge ses frais d'hôpital, voire de la faire opérer à Prague… Rien n'est trop bon pour son précieux agent français.

Pipa ne chôme pas. Quelques semaines plus tard, il est envoyé par le STB à Londres pour assister à une importante réunion de l'Otase : une assemblée de pays asiatiques alliée des États-Unis qui, à l'image de l'Otan, lutte contre l'influence communiste. Le bon petit soldat revient de Londres avec un rapport détaillé sur la guerre au Vietnam et reçoit 1 000 francs en guise de récompense.

L'affaire la plus spectaculaire à laquelle Jean Clémentin est mêlé demeure l'affaire Ben Barka. Mehdi Ben Barka, militant tiers-mondiste et opposant politique au roi Hassan II du Maroc, est enlevé le 29 octobre 1965 devant la brasserie Lipp, boulevard Saint-Germain à Paris. C'est la dernière fois qu'on voit l'opposant marocain. Son corps ne sera jamais retrouvé. L'enlèvement, sans doute commandité par les autorités marocaines, devient une affaire d'État quand on apprend l'implication de deux policiers français. Cette affaire à rebondissements qui passionne les Français fera pendant des années les choux gras du *Canard enchaîné*. Jean Clémentin va y jouer un rôle important, avec bien sûr en coulisse le STB qui tire les ficelles. Moins de deux semaines après la disparition de Ben Barka, la direction du STB à Prague lance l'opération Start. L'objectif de cette campagne internationale de désinformation est de montrer l'implication des services secrets américains dans l'enlèvement. Onze pays, dont la France, sont concernés.

Le 17 novembre 1965, grâce aux éléments fournis par son officier traitant, Clémentin sort dans le *Canard* un article intitulé « La guerre du Rififi : c'est la fête à PP ». On peut y lire : « Question pénétration yankee, les services spéciaux marocains sont au-delà de toute comparaison. La police d'Hassan II et ses services spéciaux sont entre les mains de la CIA américaine. » Un mois plus tard, toujours grâce à des éléments fournis par Motl, et toujours grassement payé par lui, l'agent Pipa publie un autre article, impliquant cette fois de hauts responsables français dans l'affaire Ben Barka. Cette « mesure active », comme on dit au STB, est la dernière réalisée par Jean Clémentin. Pendant plusieurs années, il fournit encore aux Tchèques des renseignements, mais de moindre importance. Le STB continue de le rétribuer, en argent mais parfois aussi en caisses de Pielsen, une bière tchèque dont Clémentin raffole.

En 1968, un événement inattendu aurait pu troubler sa conscience : le 21 août, les chars du pacte de Varsovie, commandés par Moscou, entrent en Tchécoslovaquie et mettent un terme au Printemps de Prague, un soulèvement populaire qui visait à instaurer un « socialisme à visage humain ». Le monde entier est sous le choc. Jean Clémentin déclare à son officier traitant qu'il désapprouve l'intervention soviétique, tout en ajoutant qu'il continuera à travailler pour le STB.

Ce qu'il fera… Pas très longtemps. Son espionnage prend fin en 1969, non à cause d'états d'âme, mais parce que son activité devient dangereuse. Son officier traitant lui apprend qu'un haut responsable du STB a fait défection à l'Ouest, en emportant avec lui de nombreux secrets, parmi lesquels sans doute l'existence d'une taupe dans la presse parisienne. Par sécurité, l'officier traitant, tout en lui glissant 1 000 francs dans la poche, annonce à Pipa qu'il faut suspendre leur collaboration.

Jean Clémentin n'est pas content mais il a de quoi se consoler : depuis 1957, outre l'achat de sa maison à Meudon et de sa 2 CV, il a pu accumuler une petite fortune qu'il a eu la bonne idée de placer sur un compte en Suisse. Jean Clémentin est un révolutionnaire, mais il veille au grain. Autre raison de se consoler : en tant que rédacteur en chef d'une rubrique du *Canard enchaîné*, il est devenu un homme puissant et redouté. C'est lui qui, dans les années 1970, donnera au journal un nouveau style, plus combatif à l'égard du pouvoir, et en fera un véritable journal d'investigation.

Devant les révélations qui s'enchaînent à la une du *Canard* et ternissent l'image des hommes politiques français, le pouvoir s'inquiète et, encore une fois, tente de connaître les sources du journal. Cependant, l'opération va tourner au fiasco et au ridicule. Le soir du 3 décembre 1973, André Escaro, dessinateur au *Canard enchaîné*, passe par hasard au 173, rue Saint-Honoré, devant les locaux de son journal qui sont alors en travaux. À sa grande surprise, il voit de la lumière. Il entre dans le bâtiment et aperçoit trois hommes en train de travailler, en apparence des plombiers, en réalité des agents de la DST affairés à poser des micros. Le lendemain, la nouvelle est dans tous les journaux.

Sur une photo, on peut voir Jean Clémentin, son éternelle pipe à la bouche, contempler, goguenard, les lames de plancher qui ont été soulevées pour poser des câbles et des micros. Malgré une plainte, un procès et plusieurs appels, l'affaire aboutira à un non-lieu – mais les Français ne sont pas dupes. Le mercredi suivant, le *Canard* tire à plus d'un million d'exemplaires. En 1974, la victoire de Valéry Giscard d'Estaing à l'élection présidentielle doit sans doute beaucoup au scandale des micros du *Canard*.

À l'époque, la DST, chargée du contre-espionnage en France, justifie son intervention au siège du journal par le fait que certains membres de la rédaction sont « soupçonnés de contacts avec des agents d'une puissance étrangère ». Dans *Le Monde*, on peut lire : « Il serait reproché à l'un des journalistes du *Canard* des relations avec les pays de l'Est. » À la rédaction du *Canard enchaîné*, on rit bien sûr de ces déclarations. Des espions chez nous ? Quelle blague ! Depuis les révélations sur Jean Clémentin néanmoins, les soupçons de la DST en 1973 semblent moins loufoques.

Jean Clémentin a-t-il eu alors quelques sueurs froides ? Peut-être, mais pas de quoi ébranler sa confiance et sa bonne humeur. Sous son pseudonyme de « Jean Manan », il se met à écrire des romans. Ce joyeux drille est régulièrement invité à en parler à la télévision, notamment à *Apostrophes*, l'émission littéraire de Bernard Pivot. Dans les années 1980, Jean Clémentin, toujours rédacteur du *Canard*, abandonne l'actualité

« Bien sûr, à l'époque,
nous nous doutions
que Clémentin était un agent
de la STB. Mais nous n'avions
pas assez de preuves. »

RAYMOND NART,

ancien directeur de la DST.

politique pour la critique littéraire. En 1989, l'année de la chute du mur de Berlin (un drôle de hasard), le journaliste ex-espion de 65 ans tire sa révérence au journal pour se consacrer pleinement à la littérature. Jean Clémentin décède en 2023 à l'âge de 98 ans.

RYSZARD KUKLINSKI

1930-2004

L'agent qui livra les secrets du pacte de Varsovie à la CIA

Ce n'est qu'en 1986
que le nom et le rôle historique
de Ryszard Kuklinski
ont été révélés au public…
Pour le meilleur, mais aussi
pour le pire. Car cette révélation,
en lui donnant de la notoriété,
l'a mis en danger. Rarement
un espion a suscité autant
d'admiration et de haine :
il est un héros du monde libre
pour les uns, un traître absolu
pour les autres.

Aux heures les plus critiques de la guerre froide, cet officier de l'état-major polonais avait travaillé pendant plus de dix ans pour les services secrets américains. Pour beaucoup, son combat dangereux et solitaire a permis à la Pologne, à l'Europe, voire au monde entier, d'échapper à une Troisième Guerre mondiale.

C'est en août 1972 qu'il proposa ses services à l'Ouest. Convaincu que l'Union soviétique allait déclencher une guerre nucléaire en Europe et sur le sol polonais, Kuklinski a fourni des milliers de documents classifiés à la CIA de 1972 à 1981, livrant ainsi aux États-Unis les secret-défense les plus confidentiels de l'Union soviétique et du pacte de Varsovie, cette alliance militaire des pays du Bloc communiste, placée sous l'autorité de Moscou, qui faisait face à l'Otan.

En 1981, dans l'effervescence politique qui suit la création du syndicat Solidarité, c'est Ryszard Kuklinski, fervent admirateur du syndicaliste et futur président de Pologne Lech Walesa, qui avertit les Américains que le gouvernement polonais s'apprête à instaurer la loi martiale. Au même moment, notre espion comprend qu'il est démasqué. Alertés, les Américains procèdent à son exfiltration. Laissant tout derrière eux, Kuklinski et sa famille embarquent dans une camionnette de l'ambassade américaine qui les conduit à Berlin. Il était temps : Kuklinski était sur le point d'être arrêté.

Par quels chemins cet officier polonais au cœur de la machine de guerre soviétique est-il devenu espion pour les États-Unis ? Pour comprendre cet engagement, il faut remonter à son enfance. Aussi loin que remontent ses souvenirs, sa patrie, la Pologne, a vécu sous domination étrangère. En septembre 1939, Ryszard a 9 ans quand la Pologne indépendante de l'entre-deux-guerres est envahie, d'abord à l'ouest par l'armée d'Hitler et, deux semaines plus tard, à l'est par celle de Staline. Le petit Ryszard, qui vit à Varsovie, est marqué à jamais par l'occupation nazie qui dure jusqu'en 1944. Ses parents appartiennent à la classe ouvrière de tradition catholique et socialiste. Foncièrement patriote, son père, entré dans l'armée clandestine polonaise, est arrêté par les nazis et envoyé au camp de concentration de Sachsenhausen où il trouve la mort. Très marqué par la disparition de son père, Ryszard, à 13 ans, colle des affiches pour la Résistance.

Au lendemain de la Seconde Guerre mondiale, la Pologne devient une république populaire, dirigée par un parti unique, sur le modèle soviétique. À 17 ans, Ryszard Kuklinski s'engage dans l'armée et prend sa carte au Parti communiste. Au fil des années, ce bon élément prend du galon : il devient sergent, puis capitaine. En 1952, à 22 ans il se marie avec Joanna, 19 ans, avec qui il aura deux fils, Waldemar et Bogdan. Cet officier apparemment sans histoire a deux passions, la voile et la lecture, avec une prédilection pour son compatriote Joseph Conrad, amoureux du grand large et de la liberté. Dès qu'il le peut, Kuklinski part naviguer sur la Baltique avec un vieux voilier qu'il a remis lui-même en état. Ces deux passions annoncent déjà la voie qu'il empruntera un jour en secret. Pour l'instant, au début des années 1960, Kuklinski fait l'unanimité pour son talent en stratégie militaire. En 1967, il est envoyé au Nord-Vietnam pour y conseiller l'armée populaire.

À l'été 1968, quand il rentre, il découvre l'état-major polonais en alerte. La Tchécoslovaquie vit depuis quelques mois le Printemps de Prague. Kuklinski, qui comprend qu'une intervention militaire se prépare, est furieux d'apprendre que l'armée polonaise s'associe à ce projet d'opération chez un pays frère. Rien ne vient empêcher le désastre : dans la nuit du 20 au 21 août 1968, 2 000 chars de cinq pays du pacte de Varsovie envahissent la Tchécoslovaquie pour rétablir l'ordre soviétique.

Un second événement tragique ébranle la conscience de Ryszard Kuklinski. En décembre 1970, les ouvriers polonais des chantiers navals de la Baltique se mettent en grève et manifestent contre la hausse des prix de la nourriture. Cinq mille policiers et 27 000 soldats sont mobilisés, équipés de blindés et de mitrailleuses. Les affrontements font des dizaines de morts et de blessés. Trois mille manifestants sont arrêtés.

Pour Ryszard Kuklinski, c'en est trop. Comment un soldat polonais peut-il tirer sur des compatriotes ? Il comprend que l'armée polonaise n'est qu'un pion aux ordres de Moscou. Après de longues soirées à réfléchir, il prend la décision qui va changer sa vie, mais aussi le cours de l'histoire : il va livrer aux Américains les secrets militaires du pacte de Varsovie. C'est par la mer qu'il va réaliser son plan.

Ayant le privilège de disposer d'un magnifique voilier de l'armée, Kuklinski obtient de ses supérieurs l'autorisation de mener une pseudo-mission d'espionnage vers l'Allemagne de l'Ouest et les Pays-Bas en passant par la Baltique et la mer du Nord. Le 2 août 1972, Kuklinski et son équipage quittent le port de Gdansk. Neuf jours plus tard, le voilier accoste à Wilhelmshaven, un port d'Allemagne de l'Ouest. Kuklinski profite de sa brève présence à l'Ouest pour glisser une enveloppe dans une boîte aux lettres.

Trois jours plus tard, la lettre atterrit à l'ambassade américaine à Bonn. Intrigué, le chef de la station de la CIA part avec son équipe aux Pays-Bas réceptionner l'appel de « PV », le mystérieux auteur de la lettre. Le 18 août à 16 h 30, à l'ambassade, le téléphone sonne. Au bout du fil, une voix à l'accent slave. L'homme raccroche, puis rappelle cinq minutes plus tard. L'Américain propose un rendez-vous le soir même, entre 21 et 22 heures, à la gare centrale de La Haye. Il aura sous le bras un magazine *Time*. PV répond qu'il portera un costume beige.

À 21 heures, les agents de la CIA sont en place à la gare de La Haye, au milieu de la foule. À 22 heures, toujours rien, lorsque soudain ils aperçoivent un homme correspondant à la description de PV. D'un simple coup

« Cher monsieur,
Pardon pour mon anglais.
Je suis un officier d'un pays communiste. Je souhaite rencontrer secrètement un officier américain le 17, le 18 ou le 19 août à Amsterdam. Ce sont mes seules possibilités. Mon équipage n'est pas au courant.
À mon arrivée à Amsterdam, je téléphonerai à l'ambassade des États-Unis. La personne qui me répondra devra parler russe ou polonais. »

PV.

d'œil, PV comprend qu'il doit suivre à distance un des Américains qui le conduit à une voiture stationnée au coin de la rue. Quelques minutes plus tard, les quatre hommes se retrouvent au calme dans une chambre d'hôtel. Ryszard se présente : « Je m'appelle Ryszard Kuklinski. J'ai 42 ans. Je suis lieutenant général à l'état-major polonais. »

Pendant une heure et demie, Kuklinski raconte son histoire, expose ses motivations, et surtout révèle aux Américains qu'il peut leur fournir les plans de guerre soviétiques en Europe de l'Ouest et les capacités de mobilisation des armées du pacte de Varsovie.

Très nerveux, fumant cigarette sur cigarette, Kuklinski confirme aux Américains leur pire crainte : les Soviétiques, grâce à leur supériorité en forces conventionnelles, sont capables de déclencher une attaque surprise et massive sur l'Europe de l'Ouest. Une attaque à laquelle, ils le savent, l'Otan répondrait immédiatement par des tirs nucléaires, au moment où les tanks soviétiques entreraient en Pologne. Pour Kuklinski, il ne fait aucun doute que le plan de Moscou vise délibérément à épargner la Russie de la riposte de l'Otan, tandis que la Pologne, servant de bouclier, serait détruite, victime de centaines de tirs nucléaires. Les hommes de la CIA comprennent tout de suite qu'ils ont affaire à un patriote polonais, un homme intègre qui refusera toujours d'être payé pour les renseignements qu'il va livrer. Et il en livrera beaucoup.

Il est 23 h 40. Kuklinski doit rapidement retourner au voilier, avant que son équipage ne s'inquiète.

Les Américains lui promettent de reprendre contact quand il sera rentré à Varsovie. Pendant neuf ans, de ce 18 août 1972 au 8 décembre 1981, Kuklinski va espionner pour les Américains, et mener la double vie de tout agent secret, mentant à sa famille, à ses proches, et bien sûr à ses supérieurs de l'état-major polonais.

Dès l'automne 1972, à Varsovie, les agents de la CIA de l'ambassade américaine établissent des moyens pour communiquer secrètement avec Kuklinski. Ils lui fournissent du papier soluble dans l'eau, de l'encre invisible et un appareil photo miniature. Ils communiqueront aussi par de simples marques que Kuklinski dessinera à la craie sur des murs, dans des lieux précis de Varsovie. Des signes en apparence anodins que des agents américains viendront relever tous les jours. Un rond ou une croix peut signifier « J'ai des documents à vous livrer », « Il faut qu'on se voie rapidement » ou « Il faut reporter le rendez-vous prévu », etc. Kuklinski pourra aussi, si besoin, déposer un message ou un document dans une boîte aux lettres morte.

Des rendez-vous sont prévus tous les deux à trois mois pour livrer les documents. Au volant de sa voiture, Kuklinski, arrivé à un feu rouge, ouvre sa fenêtre et, d'un geste, lance son paquet par la fenêtre ouverte de la voiture qui stationne à côté, conduite bien sûr par un agent de la CIA. L'échange ne dure que quelques secondes. Les deux voitures redémarrent au feu vert comme si de rien n'était.

La première fois, l'agent de la CIA, en ouvrant le paquet de Kuklinski, n'en revient pas : dix-huit rouleaux de pellicule ! À Langley, la CIA sera stupéfaite en faisant développer les photos, qui ne révèlent pas moins de 300 pages de documents classifiés de l'Union soviétique et du pacte de Varsovie. À Washington, la CIA et le Pentagone ont conscience d'avoir en Ryszard Kuklinski un informateur hors pair.

Pendant ces neuf ans, l'agent vit dans la peur permanente d'être découvert. Peur pour lui-même et surtout pour sa famille qui ne sait rien de ses activités clandestines. Redoutant d'être torturé et de parler s'il venait à être arrêté, Kuklinski demande à la CIA de lui fournir une capsule de cyanure qu'il finira par obtenir, dissimulée dans un stylo-plume.

Un jour de mai 1974, Kuklinski apprend par son supérieur, le général Siwicki, l'existence d'un nouveau plan ultra-secret du pacte de Varsovie : le projet Albatros qui prévoit la construction de trois bunkers souterrains devant protéger le commandement soviétique (et uniquement lui) en cas de guerre nucléaire. Un bunker dans le sud-ouest de la Pologne, un autre en Bulgarie et le troisième près de Moscou. Le général demande à Kuklinski de relire et de corriger le texte du projet. Kuklinski s'installe à un bureau avec le dossier devant lui. Il n'est pas seul dans la pièce, un officier se trouve à côté de lui. Le document est si sensible qu'il est interdit d'être laissé seul en sa présence. Kuklinski réussit cependant à convaincre l'officier de sortir. Il ne peut fermer la porte à clé, car cela éveillerait les soupçons. Il sort de sa poche son briquet-appareil photo et commence à photographier le document. À peine a-t-il terminé que la porte s'ouvre. Kuklinski, en une fraction de seconde, sort une cigarette de sa poche et l'allume avec son briquet. En apparence imperturbable, notre espion poursuit sa lecture. Au bout de dix minutes, l'officier, sans un mot, finit par ressortir. Kuklinski, par la fenêtre, l'aperçoit qui sort de l'immeuble. Où va-t-il ? Au bureau du contre-espionnage pour le dénoncer ? En sueur, dans un état de panique, l'espion pense mettre fin à ses jours. En réalité, rien ne se passe.

Contre toute attente, Kuklinski monte en grade. L'espion, qui continue de renseigner Washington, n'est jamais tranquille. D'autant que Moscou se plaint que des informations ont fuité vers l'Ouest après des réunions récentes. Combien de temps pourra-t-il tenir ?

Ce que Ryszard Kuklinski, ni personne d'ailleurs, ne pouvait prévoir, c'est la déflagration historique qui bouleverse la Pologne en 1980, et qui conduit à la chute du bloc communiste dix ans plus tard. En août 1980, des ouvriers des chantiers navals de Gdansk ont créé Solidarność (« Solidarité »), une fédération de syndicats libres, chose totalement impensable dans un pays socialiste. Lorsqu'Anna Walentynowicz, la cofondatrice de ce mouvement avec l'ouvrier Lech Walesa, est arrêtée, 17 000 ouvriers se mettent en grève. Soutenue par le pape Jean-Paul II et par des intellectuels dissidents, la mobilisation s'étend bientôt à tout le pays.

Le 31 août, Lech Walesa et le Parti communiste polonais signent les accords de Gdansk. Ces accords historiques autorisent la création d'un syndicat libre, prévoient le droit de grève, une limitation de la censure, des hausses de salaires, la retransmission d'une messe dominicale à la radio-télévision et la libération des prisonniers politiques. Une véritable révolution ! En secret, l'état-major polonais prépare en réalité la riposte. Le 22 octobre, Ryszard Kuklinski est chargé d'organiser la loi martiale qui devra liquider Solidarność et restaurer l'ordre en Pologne. Notre espion s'empresse de fournir à la CIA les plans d'application de l'état d'urgence à l'intérieur, et ceux du pacte de Varsovie dont les armées risquent à tout instant d'envahir la Pologne.

Fin 1980, la menace monte dangereusement. Le 4 décembre à 22 heures, Kuklinski arrête sa voiture au bord d'une avenue déserte de Varsovie et dépose au lieu convenu son précieux courrier : une lettre enveloppée de cellophane qui sera bientôt recouverte de neige mais qu'un agent de la CIA, arrivé sur les lieux, finira par récupérer après quelques minutes d'angoisse. La lettre est rapidement transmise à la CIA puis à la Maison-Blanche : « Chers amis, Selon toute évidence, 18 divisions du pacte de Varsovie, dont 15 d'Union soviétique, sont en route pour intervenir en Pologne. Le passage de la frontière est prévu pour le 8 décembre. » Le 7 décembre, dans une déclaration publique, le président des États-Unis Jimmy Carter met en garde

Moscou contre les conséquences qu'aurait une invasion de la Pologne.

Soudain la tension, qui était au plus haut, retombe. L'URSS a-t-elle reculé, de peur de représailles économiques ? Ou le risque de conflit a-t-il été surestimé ? L'année suivante, la menace plane de nouveau. Solidarność compte maintenant 10 millions de membres et tient son premier congrès en septembre 1981. Lech Walesa est mondialement connu, reçu par Jean-Paul II au Vatican.

Ryszard Kuklinski continue, au risque de sa vie, de renseigner la CIA sur les manœuvres soviétiques et sur les plans du général Wojciech Jaruzelski, le Premier ministre polonais. Le 25 octobre 1981, Kuklinski envoie un message à la CIA : « Les militaires sont en alerte. Instauration imminente de la loi martiale. »

Une semaine plus tard, alors qu'il arrive comme tous les jours à l'état-major, Kuklinski est convoqué d'urgence chez ses supérieurs. En entrant dans la pièce, il découvre le visage décomposé du général Skalski. Celui-ci regarde Kuklinski ainsi que les trois autres officiers présents et leur déclare qu'il existe un espion au sein de l'état-major polonais. Dans un état de panique, Kuklinski comprend qu'il doit fuir la Pologne au plus vite. Il envoie un message à la CIA : « Ils savent. Demande évacuation immédiate. »

Le soir du 7 novembre 1981, Ryszard, Hanka et leurs deux fils, Bogdan et Waldek, arrivés en hâte à l'ambassade américaine, embarquent dans une camionnette diplomatique, enfermés et recroquevillés dans des

« De 1970 à 1980, Ryszard Kuklinski était l'une de nos sources les plus précieuses à l'Est. Ce type est un héros polonais. Il a risqué sa vie pour servir son pays. »

ZBIGNIEW BRZEZINSKI,

conseiller à la sécurité nationale de Jimmy Carter (1977-1981).

cartons d'emballage. Commence le périple de près de 600 km à travers la Pologne et l'Allemagne de l'Est, avec deux frontières à passer : celle entre les deux pays et la plus dangereuse, celle entre Berlin-Est et Berlin-Ouest. Le lendemain, à 10 heures du matin, la camionnette arrive à Berlin-Ouest. Les Kuklinski sont enfin libres. Quelques jours plus tard, ils s'envolent pour les États-Unis.

Pendant ce temps, la Pologne vit des heures tragiques. Le 13 décembre 1981, à la télévision polonaise, le général Jaruzelski, en grand uniforme, déclare l'état de siège. Ryszard Kuklinski avait prévenu la CIA de l'imminence de la loi martiale, mais les Américains n'ont rien fait pour l'empêcher.

Aux États-Unis, les Kuklinski s'installent dans une demeure secrète et sécurisée. En 1984, en Pologne, le traître Kuklinski est condamné à mort par contumace. Curieusement, après la chute du communisme, sa peine n'est pas annulée, elle est seulement commuée en vingt-cinq ans de prison. Pour beaucoup de Polonais, Kuklinski reste un traître qui a fourni des informations secrètes à une puissance étrangère. Il faut attendre 1998, quand la Pologne s'apprête à entrer dans l'Otan, pour que l'espion de la CIA, totalement innocenté, puisse revenir dans son pays. Le prix à payer demeure inestimable : les deux fils de Ryszard Kuklinski sont morts aux États-Unis, dans des circonstances inexpliquées. Bogdan a disparu en mer en 1994. Six mois plus tard, Waldek a été renversé par une voiture qui a fui sans laisser de traces. Pour beaucoup de Polonais, il ne peut s'agir que d'une vengeance.

Jusqu'au bout de sa vie, Ryszard Kuklinski restera un homme traqué, vivant sous une fausse identité, dans une ville tenue secrète. Il mourra en 2004, à l'âge de 73 ans.

CLAYTON LONETREE

1961-

Espion du KGB par amour

Clayton Lonetree est, en 1987, au centre d'un des plus gros scandales d'espionnage de la guerre froide. Ce soldat américain est affecté à la garde de l'ambassade des États-Unis à Moscou, quand il entame une relation amoureuse avec une jeune Russe. Le jeune homme naïf avoue avoir laissé des agents du KGB pénétrer dans l'ambassade.

À Washington, cette révélation crée la panique au gouvernement et à la CIA. Soumis au détecteur de mensonges, le jeune Marine avoue, mais quelle est l'étendue réelle des dégâts ? Les agents soviétiques ont-ils eu accès au Communications Programs Unit (CPU), le sanctuaire hyperprotégé et prétendument inviolable de la CIA où sont codés et décodés tous les messages transmis entre l'ambassade et Washington ? Si c'est le cas, les secrets américains sont désormais entre les mains du KGB. La banale affaire de sexpionnage tourne donc vite au scandale.

Clayton Lonetree, espion par amour, porte-t-il seul la responsabilité du désastre ? En focalisant toute la lumière sur lui, son procès très médiatisé en fait le bouc émissaire idéal.

D'origine amérindienne, Clayton Lonetree naît en 1961 à Chicago. Son père appartient au peuple Winnebago tandis que sa mère est née dans une réserve Navajo de l'Arizona. Deux autres enfants naîtront de cette union. Les parents, qui accumulent les problèmes financiers et se disputent sans cesse, se séparent rapidement. Pour le petit Clayton, c'est le début d'une enfance chaotique : quand il a 5 ans, sa mère, visiblement dépassée par les événements, confie ses enfants à la réserve Navajo, où ils vivent en orphelins. Cinq ans plus tard, leur père les récupère et les emmène vivre chez lui à Saint-Paul, dans le Minnesota. Cet homme alcoolique élève ses fils à la dure. Livré à lui-même, manquant de confiance en lui, l'adolescent se renferme et se prend d'une passion surprenante pour le IIIe Reich, remplissant ses cahiers de croix gammées et de slogans antisémites.

En 1980, à l'âge de 19 ans, le jeune homme décide de changer de vie et s'engage dans les Marines. Véritable symbole de la puissance militaire des États-Unis, le corps des Marines, force d'intervention rapide du pays, a la charge des opérations spéciales et des missions de prestige. Surnommés les « nuques de cuir » (*leathernecks*) à cause du col rigide de leur célèbre uniforme, les Marines forment la garde d'honneur du président des États-Unis. Ce sont aussi eux qui gardent les ambassades à l'étranger.

Dès son recrutement, Clayton se plaît chez les Marines, où l'on ne semble pas faire de distinction raciale entre les soldats. Après trois ans de formation à Quantico en Virginie, il effectue sa première mission à la base américaine de Guantanamo, au bout de l'île de Cuba. La proximité avec l'État castriste fait découvrir au jeune Marine la réalité de la confrontation avec le monde communiste.

En 1984, Clayton décide de devenir *Marine security guard*, c'est-à-dire d'intégrer les gardes responsables de la sécurité des ambassades. Il est admis et après une brève formation, trop brève sans doute, le jeune Marine est envoyé dans le cœur névralgique de l'ennemi : à Moscou.

À l'époque, personne ne peut imaginer que le bloc communiste vit ses dernières années. La tension est toujours vive entre l'Est et l'Ouest. À Youri Andropov, qui vient de mourir, succède au Kremlin le très conservateur Konstantin Tchernenko, vieillard malade qui meurt à son tour en mars 1985. L'homme plus jeune, souriant, qui arrive bientôt au pouvoir semble d'une autre trempe : Mikhaïl Gorbatchev. Que valent ses premiers signes d'ouverture et de détente ? Aura-t-il d'ailleurs le temps et la liberté d'engager des réformes ?

Pour l'instant, c'est une ambiance de guerre froide qui accueille Clayton Lonetree à Moscou, une capitale grise et triste. À l'ambassade américaine, un énorme bâtiment de neuf étages, l'atmosphère n'est pas plus chaleureuse. La plupart des employés ne s'intéressent pas à ce jeune soldat à peine dégrossi, amérindien de surcroît. Les Marines se sentent déconsidérés : leurs baraquements sont vétustes et sales. Ils n'ont pas accès aux mêmes bars et boîtes de nuit que les autres employés. En revanche, le règlement des Marines en poste en ambassade est très strict, quasi monacal. Clayton n'est pas heureux, mais en bon Marine, il accomplit son travail.

Un événement va pourtant bouleverser sa vie, pour le meilleur et bientôt pour le pire. Un jour, il remarque une jeune femme qui travaille depuis peu à l'ambassade. Grande, mince, élégante… Jamais il n'a vu une femme aussi belle. Un soir, alors qu'elle sort du travail, Clayton la suit. Sur le quai du métro, il ose enfin l'aborder. Ils

« Leur fiabilité doit être absolue, 24 heures sur 24, qu'ils soient en service ou non. Ils doivent être célibataires et le demeurer durant toute leur mission. [...] Ils doivent en permanence être en alerte contre les tactiques soviétiques qui cherchent à les compromettre et à miner leur loyauté à l'égard de leur pays. »

RÈGLEMENT DES MARINES
EN AMBASSADE.

échangent quelques mots. Cette citoyenne soviétique est traductrice à l'ambassade. Elle s'appelle Violetta Seina. Pendant plusieurs semaines, le manège se reproduit dans le métro et les deux jeunes gens se confient davantage. Violetta confie sa peur à Clayton : si le KGB apprend qu'elle a une relation avec un Américain, elle peut perdre son emploi.

Conscient lui aussi d'avoir enfreint la règle qui interdit toute fraternisation avec l'ennemi, Clayton est néanmoins persuadé de s'être montré prudent. Après tout, se dit-il, il ne sera pas le premier employé de l'ambassade à fréquenter une Russe. En novembre 1985, Clayton invite Violetta au bal annuel du Corps des Marines de l'ambassade. Personne ne semble choqué de les voir parler et danser ensemble. Trois mois après leur première rencontre, Violetta emmène Clayton chez elle et ils deviennent amants. C'est le moment pour le KGB de sortir du bois. Violetta dit à Clayton que son oncle Sasha voudrait le rencontrer.

Cette idée inquiète Clayton, qui finit tout de même par accepter. Autour d'un verre de vin, la rencontre débute de manière chaleureuse. Très intéressé par les Amérindiens, l'oncle Sasha demande au Marine s'il ne s'est jamais senti discriminé. La méthode du KGB est bien rodée : mettre l'appât en confiance. Les fois suivantes, la conversation prend un tour plus politique. Tandis que l'oncle Sasha dit tout le mal qu'il pense de Ronald Reagan et de la CIA, Clayton est flatté : pour la première fois depuis qu'il est à Moscou, quelqu'un s'intéresse à lui et lui demande son avis. Peu à peu, les questions deviennent plus sensibles. L'oncle Sasha demande au Marine s'il est déjà entré dans le bureau de l'ambassadeur. Un jour, incidemment, le Russe lui confie : « Tu peux faire quelque chose pour aider l'Union soviétique. »

« C'est le moment où tout a basculé », racontera plus tard Clayton lors de ses interrogatoires. Il comprend que l'« oncle Sasha » est en réalité un agent du KGB sans lien de parenté avec Violetta. Et elle ? Probablement la jolie traductrice a-t-elle été envoyée par le KGB à l'ambassade pour servir d'appât. Rien ne prouve qu'elle ait sciemment séduit Clayton sur leur ordre. Sans doute cette citoyenne soviétique n'a-t-elle pas eu le choix. En revanche, contrairement à Clayton, elle savait qu'elle était surveillée.

Pour quelle raison Clayton ne décide-t-il pas de s'en aller sur-le-champ ? Il redoute de ne plus jamais revoir Violetta. Sans doute aussi Clayton éprouve-t-il le sentiment de vivre soudain une aventure, avec la certitude de pouvoir tout maîtriser en ne donnant que des renseignements qu'il juge sans importance. C'est dans cet état d'esprit confus que Clayton Lonetree commence à livrer des informations à l'oncle Sasha. Sans le savoir, il est en train de devenir un agent du KGB, autrement dit un traître.

Clayton donne les noms des agents de la CIA de l'ambassade, et le plan du septième étage où se situent leurs bureaux. Quand Sasha lui demande de placer des micros à l'ambassade, Clayton refuse. En mars 1986, après dix-huit mois à l'ambassade de Moscou, le contrat de Clayton Lonetree prend fin. Désespéré à l'idée de quitter sa bien-aimée, il se bat pour rester, mais rien n'y fait. Il est muté à l'ambassade de Vienne.

En arrivant en Autriche, Clayton compte bien retourner un jour à Moscou revoir Violetta en espérant ne plus entendre parler de l'oncle Sasha ni du KGB. Il rêve. Sasha, qui tient à son agent américain, débarque à Vienne. Un soir, il retrouve Clayton et l'emmène dîner. Au restaurant, le Russe donne à Clayton une photo de Violetta, une lettre où elle affirme l'aimer toujours, et enfin une liasse de 700 dollars. Pendant plusieurs mois, comme sous emprise, le Marine recommence à fournir à Sasha des renseignements, cette fois sur l'ambassade de Vienne.

Le 5 décembre 1986, la pression monte d'un cran quand Sasha rentre à Moscou et que Clayton découvre l'officier traitant qui le remplace : « George », un Russe au regard de tueur, sans lien avec Violetta, qui exige encore plus de renseignements. Épouvanté, Clayton décide de tout arrêter. Comment sortir de ce guêpier ? Sa première idée est de se suicider. Après des jours d'angoisse et des nuits d'insomnie, le 14 décembre, le Marine charge son arme de service et la place sous sa joue. Il demeure incapable de tirer. Il ne reste qu'une solution : se rendre et tout avouer.

Le soir même, Clayton se rend à la résidence de l'ambassadeur où le personnel est réuni pour la réception de Noël. L'ambiance est joyeuse. Un immense sapin trône dans la salle de bal. Très nerveux, Clayton repère l'homme qu'il cherche dans la foule : veste en tweed, lunettes, cet Américain au look de professeur est officiellement « chargé de mission ». En réalité, Clayton le sait, il est le chef de la CIA à l'ambassade de Vienne. Finissant d'un trait son verre, le Marine se présente à lui, explique qu'il a de graves problèmes et demande un entretien en privé. Face au visage défait du jeune homme, l'officier – surnommé Big John – entraîne Clayton à l'écart. D'une voix tremblante, le Marine lui raconte que, lorsqu'il était en poste à Moscou, il a été en relation avec des agents du KGB. Effaré, Big John vérifie autour que personne n'a pu entendre.

Clayton Lonetree est soulagé d'avoir avoué. Cet aveu n'est cependant que le début d'un autre cauchemar qui va durer de longues années. Dès le lendemain, et pendant neuf jours, dans une chambre de l'Hôtel Intercontinental de Vienne, Clayton Lonetree, très coopératif et en confiance, raconte toute son histoire à Big John, qui lui confirme que l'« oncle Sasha » de son vrai nom Aleksei Yefimov, et « George » sont bien des officiers du KGB.

Le soir du 24 décembre, alors que dehors il neige à gros flocons et que les Viennois fêtent Noël chez eux, d'autres agents américains débarquent en urgence à Vienne. Ils appartiennent au Naval Investigative Service (NIS*), c'est-à-dire au renseignement de la marine américaine. Ils sont là pour interroger Clayton et pour l'arrêter.

En larmes, Clayton reconnaît avoir trahi son pays par amour pour Violetta, et en éprouver honte et remords. Les hommes du NIS restent persuadés qu'il ne dit pas tout, notamment quand il affirme avoir toujours refusé de faire entrer des agents du KGB dans l'ambassade ou d'y placer des micros. Le NIS décide de faire passer Clayton Lonetree au détecteur de mensonges. C'est cette troisième confession qui va être fatale au jeune Marine. Poussé à bout par l'examinateur, Clayton, secoué de sanglots, pouvant à peine respirer, se met à raconter qu'il a volé pour le KGB des codes secrets de sécurité, des documents classifiés et surtout qu'il a fait entrer des agents soviétiques dans l'ambassade. Soudain, reprenant son souffle et ses esprits, il s'écrie que c'était un mensonge. Trop tard : pour le NIS, Clayton Lonetree a avoué. Le lendemain, menotté, le Marine est rapatrié aux États-Unis dans un avion de l'US Air Force. Il est ensuite emprisonné et placé à l'isolement à la base de Quantico, là même où, sept ans plus tôt, il s'était engagé comme Marine.

Début 1987, la nouvelle, rendue publique, fait scandale dans le monde entier : un Marine a été arrêté pour espionnage au profit des Soviétiques. Le prestige du corps des Marines en prend un sérieux coup et les spéculations les plus folles vont bon train. Le KGB a-t-il eu accès aux secrets les mieux gardés du renseignement américain ? Le fiasco est tel que lorsque George Shultz, le secrétaire d'État de Ronald Reagan, se rend en avril 1987 à Moscou, il évite de se rendre à l'ambassade soupçonnée d'être truffée de micros. Situation ubuesque : pour discuter avec ses diplomates, Shultz se réfugie à l'extérieur, dans une simple camionnette. La presse affirme aussi que le personnel de l'ambassade utilise des ardoises magiques pour communiquer.

Pendant ce temps, Clayton Lonetree, toujours détenu à l'isolement, organise sa défense pour son procès. Il apprend qu'il risque la peine de mort et que des Marines, très remontés contre le « traître », se portent déjà volontaires pour le peloton d'exécution.

Au fil des semaines, la polémique, d'abord concentrée sur les Marines, prend une autre tournure : elle s'étend au problème plus large de la sécurité des ambassades américaines, dont le cas Clayton Lonetree, on s'en rend compte, n'a été qu'un révélateur. On découvre que l'ambassadeur en poste à Moscou, Arthur Hartman, a fait preuve de laxisme en matière de sécurité : des machines à écrire étaient sous écoute, et beaucoup de citoyens soviétiques étaient employés à l'ambassade. Les relations dites pudiquement de « fraternisation » étaient elles-mêmes très fréquentes. On apprend par exemple que Galya, l'aimable cuisinière qui mitonnait de bons petits plats pour les Marines, était une envoyée du KGB, de même que la coiffeuse qui chaque semaine réalisait les mises en pli de l'ambassadrice… La presse comme le gouvernement commencent à s'interroger : le renseignement américain n'avait-il pas intérêt à faire porter le chapeau à Clayton Lonetree, simple Marine et amérindien ?

On croit avoir touché le fond. Le pire arrive quand on apprend que la nouvelle ambassade américaine de Moscou, alors en chantier depuis des années, est elle aussi déjà truffée de micros, avant même d'être terminée. « Une immense station de radio du KGB », ironisera-t-on. L'année suivante, Reagan donne l'ordre de faire raser le bâtiment.

C'est dans ce contexte pour le moins troublé que s'ouvre le procès en cour martiale de Clayton Lonetree, le 22 juillet 1987. Le 21 août, après près de quatre heures de délibérations, un jury militaire déclare le sergent coupable d'espionnage et de 12 autres chefs d'accusation. Lonetree est décrit par les procureurs comme un traître qui a vendu son pays pour du sexe et de l'argent fourni par le KGB. Pendant la lecture du verdict, Lonetree se tient debout entre ses avocats, visage impassible, ne trahissant aucune émotion. Quelques jours plus tard, il apprend qu'il est condamné à trente ans de prison.

Au fil des années, la sentence est plusieurs fois réduite. Finalement, le Marine ne restera que neuf ans en prison. La justice prend en effet en compte l'acharnement des services de renseignement à désigner un coupable pour masquer leurs propres échecs en matière de sécurité. Il est confirmé que Clayton Lonetree n'a fourni au KGB aucun renseignement vital pour la sécurité des États-Unis : on ne peut lui imputer le problème bien réel de la porosité de l'ambassade de Moscou.

Un autre élément est décisif pour la libération anticipée de Lonetree. En 1994, un agent de la CIA, Aldrich Ames, est arrêté. Les Américains découvrent alors que, depuis 1985, Ames était une taupe fournissant des renseignements extrêmement précieux au KGB. Pour empêcher la CIA de le découvrir, en 1987, le KGB fit en sorte que les Américains portent tous leurs soupçons sur les

Marines de l'ambassade à Moscou. Clayton Lonetree servit donc de leurre au KGB.

À sa libération en 1996, Clayton Lonetree est interviewé pour un documentaire sur le sexpionnage. L'ex-Marine devenu espion par amour explique qu'il n'a aucune rancune envers Violetta Seina. Ce qu'ils ont vécu, dit-il, était authentique. Il la respecte et lui pardonne.

ANA MONTES
1957-

Espionne au service de Cuba

Ana Montes, surnommée
« la reine de Cuba »,
était une analyste hors pair
du renseignement américain,
chargée d'espionner le pays
de Fidel Castro. Le 21 septembre
2001, le FBI découvre
que cette employée modèle
est en réalité une taupe travaillant
pour Cuba, l'ennemi historique
des États-Unis.

Agente double, Ana Montes a fourni aux Cubains des milliers de renseignements hautement confidentiels sur la défense américaine : les satellites ultra-secrets, les systèmes d'écoute électronique, les emplacements de camps clandestins des forces spéciales en Amérique centrale. Inversement, dans les rapports qu'elle fournissait au renseignement américain, son expertise sur Cuba, réputée brillante, a réussi le coup de force d'infléchir la politique de Bill Clinton vis-à-vis du régime castriste. Encore aujourd'hui, Ana Montes est considérée aux États-Unis comme l'un des espions les plus dangereux de leur histoire.

Comment expliquer que cette jeune Américaine d'origine portoricaine, issue d'une famille très patriotique, fille de militaire, dont plusieurs frères et sœurs ont fait carrière au FBI*, ait secrètement fait un choix diamétralement opposé ? L'argent ? L'idéologie ? La contrainte ? Un ego blessé ? Le cas Ana Montes pose une autre question troublante : comment le renseignement américain a-t-il pu mettre plus de seize ans à démasquer « la reine de Cuba » ?

Ana Montes est d'abord une enfant de la guerre froide. Elle naît en 1957 à Nuremberg, en Allemagne, où son père, médecin militaire, est en poste avec l'armée américaine. Les parents d'Ana sont tous deux originaires de Porto Rico, cette île de culture hispanique des Caraïbes, qui appartient aux États-Unis. Après un an en Allemagne, la famille retourne aux États-Unis. Commence la vie tranquille et monotone d'une famille *middle-class* typique des années 1960 : le père travaille – il est devenu psychiatre – tandis que la mère s'occupe de la maison et des quatre enfants. Une vie en réalité pas si tranquille : les Montes, bien que clairs de peau, subissent régulièrement le racisme antilatino. Un drame plus insidieux fragilise encore la famille : le père, médecin reconnu et estimé dans son travail et par son entourage, est en privé un tyran à l'humeur imprévisible, n'hésitant pas à sortir sa ceinture pour obtenir une obéissance sans faille. Sous les coups, l'adolescente Ana, qui a déjà un fort caractère, tient bon et ne pleure pas. Des années plus tard, quand la CIA se penchera sur le cas Ana Montes, des experts décèleront en elle le désir de transgresser l'autorité né de ce père violent, de surcroît militaire, américain et patriote…

Ana, bonne élève, entre à l'université en 1975, année du retrait américain du Vietnam et de la chute de Saïgon. À 18 ans, elle ressemble aux autres filles de son âge : cheveux bouclés à la Dallas, jeans pattes d'éléphant, elle aime faire la fête et fumer du cannabis de temps en temps. C'est aussi une étudiante sérieuse qui, le week-end, travaille comme serveuse pour arrondir ses fins de mois.

Deux ans plus tard, en 1977, les Américains portent le démocrate Jimmy Carter au pouvoir : c'est une manière de tourner la page des années Vietnam et des scandales de l'ère Nixon. Pour Ana Montes aussi, cette année est un tournant. Âgée de 20 ans, elle part étudier les relations internationales en Espagne, un pays en pleine ébullition démocratique depuis la mort de Franco. À Madrid, elle tombe amoureuse de Ricardo, un séduisant étudiant argentin qui a dû fuir son pays après le coup d'État militaire. Avec lui, Ana participe aux manifestations contre les États-Unis, accusés de soutenir les dictatures sud-américaines, et s'initie aux théories marxistes et révolutionnaires.

Ana Montes est déchirée : américaine, tout en refusant d'assumer la politique de son pays, elle est aussi très marquée par ses origines portoricaines. En 1979, elle décide de visiter le pays natal de ses parents et découvre que les Portoricains sont traités comme des citoyens américains de seconde zone, qu'ils ne bénéficient pas des mêmes droits qu'elle.

De retour aux États-Unis, elle trouve du travail au ministère de la Justice, à Washington. Rien de passionnant, mais elle doit gagner sa vie. Comme il se doit, le FBI mène une enquête sur le passé de la nouvelle fonctionnaire. Curieusement, il ne découvre rien : le rapport fait état d'une personne d'une « grande moralité, altruiste, et à la réputation parfaite ». Rien sur ses sentiments antiaméricains ou sur sa liaison avec un Argentin d'extrême gauche…

Excellente dans son emploi de bureau, Ana se voit rapidement accorder une habilitation lui donnant accès à des dossiers confidentiels. En 1982, tout en continuant à travailler, Ana Montes décide de reprendre des études de relations internationales à la Johns Hopkins University, avec pour spécialité l'Amérique latine !

Entre-temps, les élections de novembre 1980 amènent à la Maison-Blanche un républicain très offensif, Ronald Reagan. À peine investi, il part en guerre contre l'influence de l'Union soviétique et du bloc communiste – qu'il surnomme l'« Empire du mal » – et contre certains gouvernements sud-américains, un ennemi global qu'il appelle « l'axe soviéto-cubain-nicaraguayen ». Au Nicaragua, les sandinistes, révolutionnaires d'inspiration marxiste, ont pris le pouvoir en 1979. Pendant des années, les États-Unis soutiendront, financeront et armeront les *contras*, les contre-révolutionnaires qui combattent les sandinistes.

Ana, de plus en plus politisée, participe aux manifestations anti-Reagan, pro-sandinistes et pro-Cuba organisées à la Johns Hopkins University. C'est là qu'elle est approchée par Cuba. Depuis les années 1960, les services de renseignements cubains, dirigés par Fidel Castro lui-même, se donnent pour tâche prioritaire d'infiltrer les universités américaines. Un investissement à long terme qui a pour objectif d'infléchir la politique étrangère de la Maison-Blanche, notamment de faire lever l'embargo qui pèse sur l'île depuis plus de vingt ans.

En 1984, Marta Velázquez, une étudiante américaine payée par Cuba pour recruter de nouveaux agents, repère en Ana Montes une proie idéale. Les deux jeunes femmes deviennent vite inséparables et Marta finit par proposer à Ana de lui faire rencontrer des amis qui, lui dit-elle, pourront lui donner les moyens d'aider les peuples en lutte.

C'est ainsi qu'Ana Montes est recrutée par les services secrets cubains. Après son arrestation en 2001, Ana expliquera au FBI que d'elle-même, elle ne se serait jamais portée volontaire, mais qu'elle a accepté facilement, flattée sans doute, et exaltée à l'idée que Cuba ait besoin d'elle. La nouvelle recrue est priée de rédiger son autobiographie, dans laquelle elle doit évoquer son travail au ministère de la Justice et ses accès aux documents classés top secret. C'est une manière pour les services cubains de mieux la ferrer et, si besoin, de la faire chanter.

En 1985, après un séjour clandestin à Cuba pour se former aux techniques du renseignement, Ana Montes commence sa double vie d'espionne. Les services secrets cubains lui demandent de solliciter des postes qui lui permettraient d'accéder à des informations classifiées. C'est ainsi que, la même année, Ana Montes, échappant encore une fois aux radars du contre-espionnage, décroche son premier poste à la Defense Intelligence Agency (DIA*), l'agence américaine de renseignement militaire. Sa mission : prévenir les surprises stratégiques en fournissant aux leaders militaires et civils les meilleurs renseignements sur les intentions et les capacités militaires des pays étrangers. Là, pendant seize ans, Ana Montes donne l'image qu'on attend d'elle, celle de l'excellence et d'un patriotisme sans faille. Très bien notée, elle gravit rapidement les échelons de l'agence.

La jeune fille joyeuse et revendicative, l'activiste anti-Reagan, se transforme en une femme sérieuse, austère même. Coupe courte, tailleur strict, l'analyste en chef Ana Montes, devenue la grande spécialiste des affaires cubaines, passe de longues journées dans son bureau à rédiger des rapports sur les dangers du régime de La Havane.

Depuis l'arrivée au pouvoir de Fidel Castro, les services secrets de Cuba et des États-Unis se mènent une guerre sans merci. En 1960, par exemple, des fonctionnaires de l'ambassade américaine à La Havane sont arrêtés pour espionnage. Les Cubains ne sont pas en reste : à La Havane, la Direccion General de Inteligencia (DGI*), véritable État dans l'État, dispose d'un budget quasi illimité pour espionner le grand ennemi yankee. On estime qu'à la fin des années 1980, une cinquantaine de taupes sont infiltrées au plus haut niveau de l'État américain. Formée par le KGB soviétique et la Stasi est-allemande, la DGI est considérée comme l'un des meilleurs services d'espionnage du monde malgré la petite taille de l'île. Mais le FBI et la CIA, sûrs de leur supériorité, mettent du temps à s'en rendre compte. Le cas Ana Montes en est la preuve flagrante.

Le jour, Ana est donc une analyste exemplaire du renseignement américain. Le soir venu, cette femme solitaire redevient ce qu'elle est vraiment : une espionne cubaine. Contrairement à beaucoup d'agents secrets, elle n'emporte pas chez elle des documents pour les copier ;

c'est trop risqué. Dotée d'une excellente mémoire, elle visualise les données et, arrivée chez elle, elle sort du placard son ordinateur secret pour y retranscrire les informations en espagnol, sur des disquettes cryptées. Puis, à 9 heures du soir, les mardis, jeudis et samedis, elle allume sa petite radio, un vulgaire transistor à piles, et se branche sur les ondes courtes, fréquence 7887 kHz : « *Atencion ! Atencion !* » dit depuis La Havane une voix féminine, qui poursuit en épelant une série de chiffres mystérieux. Ana Montes note ces chiffres et, grâce à une grille de décryptage, les convertit en texte. C'est par cette méthode très simple, classique durant la guerre froide, que l'espionne reçoit ses consignes depuis Cuba.

Pour communiquer avec La Havane, Ana emploie plusieurs méthodes : elle passe de brefs appels codés depuis de banales cabines téléphoniques ou, quand elle a un message urgent à transmettre, utilise un biper. Un code signifie « Je suis en grand danger. » Un autre : « Nous devons nous voir. » Ana Montes réalise à quatre reprises l'exploit de se rendre en personne à Cuba pour rencontrer ses chefs, soit sous couvert officiel d'un voyage de la DIA, soit en touriste, avec perruque et faux passeport.

Pour livrer ses renseignements, Ana Montes donne rendez-vous à ses officiers traitants dans Washington et leur glisse discrètement les disquettes cryptées. Il lui arrive parfois de dîner avec l'un d'entre eux dans un restaurant chinois. Alors, devant un potage pékinois ou des raviolis à la vapeur, Ana évoque ses missions avec fierté, mais parle aussi de son sentiment de solitude. Cette agente double ne peut au fond être elle-même avec personne. À la DIA, elle n'a pas d'amis. Par peur de se compromettre, elle refuse toutes les invitations et elle a pris ses distances avec sa famille. Un jour, dans la bonne vieille tradition soviétique, les officiers cubains lui proposent de rencontrer un homme, mais elle ne le trouve pas à son goût.

Curieusement, si Ana Montes n'est arrêtée qu'en 2021, dès les années 1980, un homme porte des soupçons sur elle : Scott Carmichael. Cet ancien policier qui a pour mission de traquer les taupes au sein de la DIA garde un œil attentif sur la trop parfaite analyste depuis plus d'une décennie. En 1984, il apprend que les Cubains détenaient des informations sur un système ultra-secret de surveillance électronique mis au point par les Américains. Comment l'information avait-elle fuité ? Scott Carmichael découvre qu'Ana Montes est la seule à la DIA à avoir eu accès à ces données. Comme le veut le règlement, l'analyste en chef est soumise au détecteur de mensonges… qui ne révèle rien de suspect. Scott Carmichael s'est-il trompé ? Après l'arrestation d'Ana Montes, on apprendra que les Cubains lui avaient donné une méthode pour tromper le détecteur.

Après ce test, Ana Montes se sentit plus que jamais en sécurité et libre pour poursuivre ses missions d'espionnage. Seulement deux mois plus tard, elle fournit aux Cubains la véritable identité d'un agent de renseignement américain, qui sera arrêté à son arrivée à Cuba. Grâce à elle encore, les Cubains savent tout des systèmes d'écoute électronique mis en place par les États-Unis pour intercepter les communications de La Havane.

En 1997, la brillante analyste est décorée par le directeur de la CIA en personne. Une photo immortalise ce moment : Ana, tout sourire, semble l'innocence même ! Régulièrement, des membres du Pentagone sollicitent son expertise sur la politique à mener envers La Havane. En 1998, un rapport qu'elle rédige amène le président Bill Clinton à déclarer que Cuba ne représente plus une menace pour les États-Unis.

Cependant, en 2000, l'arrestation d'un agent américain à La Havane porte de nouveau la suspicion sur Ana Montes. Grâce à l'obstination de Scott Carmichael, le FBI mobilise cette fois une cinquantaine d'agents sur l'enquête. La difficulté est de trouver les preuves de la culpabilité de cette espionne qui, à aucun moment, n'a été vue en train de voler ou de copier des documents top secret. Pendant des mois, elle est surveillée et filée.

Le 25 mai 2001, alors qu'elle est absente de Washington, une équipe de spécialistes fouille de fond en comble son appartement. Dans un placard, ils finissent par trouver le fameux transistor à ondes courtes et l'ordinateur sur lequel l'espionne avait commis la grosse erreur de ne pas supprimer tous les contenus compromettants. Le FBI n'a pas encore la preuve d'une remise de documents à un agent cubain, mais les événements s'accélèrent : juste après les attentats du 11 Septembre, la direction de la DIA, qui n'est pas au courant de l'enquête, nomme Ana Montes à la tête d'une équipe chargée de mettre au point des frappes éventuelles sur l'Afghanistan. Le risque devient trop grand : et si Cuba allait vendre ces

« J'ai obéi à ma conscience plutôt qu'à la loi. Je ne dois allégeance ni aux États-Unis ni à Cuba, ni à Obama ni aux frères Castro, ni même à Dieu. »

ANA MONTES.

informations aux ennemis des États-Unis ? Il faut de toute urgence neutraliser Ana Montes.

Le 21 septembre 2001, alors qu'elle arrive à son bureau, des agents du FBI lui signifient son arrestation pour espionnage et lui passent les menottes. À son procès, qui s'ouvre le 19 mai 2002, l'espionne plaide coupable.

Quant aux Américains, c'est après son arrestation qu'ils découvrent, peu à peu, les dégâts causés par ses activités. Ana Montes est ainsi responsable de la mort d'un compatriote, un conseiller américain du renseignement militaire tué en 1987 au Salvador. Gregory Fronius, 27 ans, était sur place pour former, dans un camp d'entraînement secret, les forces spéciales du Salvador, alors en proie à une violente guerre civile opposant le gouvernement, soutenu par les États-Unis, au Front de libération national soutenu par Cuba. Un vrai conflit de la guerre froide. Il faudra attendre 2007, bien après l'arrestation d'Ana Montes, pour que Scott Carmichael découvre qu'elle avait visité ce camp d'entraînement secret quelques semaines seulement avant l'assaut. Son implication dans l'attaque surprise semble évidente.

Ana Montes, qui risque la prison à vie, se voit infliger une peine moins lourde. Son avocat plaide le fait qu'elle n'a jamais été rémunérée par Cuba, que son espionnage était désintéressé et purement idéologique. Après le verdict, dans une interview, Fidel Castro rend un vibrant hommage à son espionne : « Une personne noble et bonne qui s'oppose à l'injustice, à un blocus de plus de quarante ans, à tous les actes terroristes qui ont été commis contre Cuba. » L'espionne est incarcérée au Texas, dans la prison de Fort Worth réservée aux femmes criminelles les plus dangereuses, à côté de terroristes d'Al Qaida.

À sa libération le 6 janvier 2023, Ana Montes, 66 ans, ne renie rien. Toujours sous surveillance, l'ancienne espionne qui a défié pendant dix-sept ans le renseignement américain a choisi de se retirer à Porto Rico.

PHAM XUAN AN

1927–2006

Journaliste et agent du Nord-Vietnam

Pham Xuan An est sans doute
l'espion le plus bufflant
de la guerre du Vietnam.
Celui que les Américains
considéraient comme
leur ami était en réalité un agent
communiste. Cet espion « parfait »
a réussi le tour de force
de garder son secret pendant plus
de vingt ans, sans être jamais
inquiété, depuis le début
de la guerre d'Indochine
jusqu'à la chute de Saïgon en 1975.

Pour tout le monde, Pham Xuan An était un journaliste – et pas n'importe lequel : un des mieux informés de Saïgon, la capitale du Sud-Vietnam soutenu par les États-Unis. Réputé pour ses analyses pointues, cet homme discret, amical et plein d'humour, avait ses entrées partout, que ce soit dans l'armée sud-vietnamienne ou à l'ambassade des États-Unis. Même les agents de la CIA le consultaient. Rien d'étonnant à ce que, dans les années 1960, Pham Xuan An ait été embauché par l'agence de presse Reuters, le *New York Herald Tribune* et le prestigieux magazine *Time* pour lequel Pham Xuan An était le seul Vietnamien journaliste à plein temps au bureau de Saïgon. Dans les années 1970, plus de 80 % des pages consacrées au Vietnam dans *Time* étaient ainsi rédigées par un espion communiste.

Ce n'est qu'en 1978 que les États-Unis ont appris que Pham Xuan An avait été pendant toute la guerre la plus importante taupe communiste au Sud-Vietnam, ayant accès aux renseignements et aux documents les plus secrets. On apprit aussi qu'il avait été élevé au rang de « héros de l'armée populaire » pour avoir « travaillé et vécu avec l'ennemi durant vingt-trois ans, tout en restant d'une loyauté absolue à l'égard du Parti ». Son engagement communiste avait donc débuté dans les années 1950, au temps de l'Indochine.

C'est sous la colonisation française que Pham Xuan An naît, en 1927, à Bien Hoa, une petite ville à l'est de Saïgon où son père, pauvre mais lettré, est employé du cadastre dans l'administration coloniale. Au début des années 1940, comme tous les enfants de France, Pham Xuan An chante *Maréchal nous voilà* à l'école. À l'adolescence, cet élève curieux mais dissipé est envoyé à la campagne par son père. C'est en découvrant la condition misérable des paysans, mais aussi avec la lecture de Jean-Jacques Rousseau, que le jeune homme développe une conscience politique. Comme beaucoup d'étudiants, il sympathise avec les mouvements indépendantistes.

Au lendemain de la Seconde Guerre mondiale, alors que les promesses d'émancipation des peuples colonisés restent lettre morte, Pham Xuan An rallie le Vietminh, le mouvement nationaliste communiste, dirigé par le charismatique Hô Chi Minh. D'abord simple agent de liaison, Pham Xuan An participe aux grèves et aux manifestations des étudiants communistes. Sur une photographie de cette époque, on le voit, tout jeune, mince, habillé de blanc, portant une banderole au milieu d'une manifestation. Il est vite repéré et fiché par la police française. En 1950, son engagement prend un tournant nouveau quand un proche de Hô Chi Minh l'appelle pour une mission très particulière : devenir le premier agent à Saïgon d'un service de renseignements pour le Vietminh. Un espion, donc… Sur le coup, Pham Xuan An n'est pas franchement emballé.

« Je trouvais ce travail méprisable : un travail de chien de chasse. Je m'étais battu avec la police lors de manifestations d'étudiants à Saïgon, et je n'avais aucune envie de devenir un mouchard ou un informateur. »

PHAM XUAN AN.

Il espérait rejoindre les combattants armés qui se cachaient dans la forêt du Sud-Vietnam, mais il accepte cette mission et, en vrai espion, il est prié de disparaître des radars de la police, de dire adieu au militantisme de sa jeunesse et de prendre l'apparence tranquille d'un Sud-Vietnamien docile. Derrière cette façade, il va vivre avec la peur au ventre.

En guise de couverture, Pham Xuan An trouve un emploi de rêve au service de censure de la Poste de Saïgon. Son travail consiste à ouvrir et à lire le courrier, et à éliminer les documents qui donnent une mauvaise image du colonisateur. Sur le front militaire, alors que la guerre d'Indochine, d'abord conflit colonial, est devenue un enjeu de la guerre froide, le Vietminh remporte la victoire contre la France à la bataille de Dien Bien Phu le 7 mai 1954. La métropole humiliée perd la « perle de son empire ».

À la suite des accords de Genève, le Vietnam est coupé en deux zones, de part et d'autre du 17e parallèle : le Nord-Vietnam communiste, soutenu par les Chinois et par les Soviétiques, et le Sud-Vietnam, soutenu par les États-Unis. Un conflit vient de prendre fin, mais un autre va commencer, encore plus meurtrier : la guerre du Vietnam.

Les communistes ne sauraient en effet se contenter d'un Vietnam coupé en deux. Dans le Sud, les rebelles donnent naissance au Vietcong, une armée secrète soutenue par le Nord qui, pendant des années, mène une guerre d'usure contre les Américains et contre l'armée du Sud et son gouvernement, constitué à leurs yeux de « fantoches » des États-Unis.

Maintenant que les Américains ont remplacé les Français, Pham Xuan An se trouve une nouvelle couverture de choix au cœur du camp ennemi : il est nommé sous-officier dans l'armée sud-vietnamienne au service de la guerre psychologique.

En 1957, les services de renseignements du Nord-Vietnam, redoutant que leur agent soit arrêté, décident qu'il doit apprendre le métier de journaliste. Or, quel meilleur endroit pour apprendre ce métier que le pays de l'ennemi ? Âgé maintenant de 30 ans, Pham Xuan An, qui parle bien anglais, part étudier le journalisme en Californie. Les autres étudiants, qui n'ont jamais vu de Vietnamien, le surnomment « Confucius ». Des années plus tard, Pham Xuan An se souviendra de cette période comme de l'une des plus belles de sa vie, et la seule vécue sans anxiété.

En 1959, quand il est rappelé au Vietnam, Pham Xuan An hésite. Loyal à sa patrie, il rentre finalement à Saïgon et se fait embaucher par une agence de presse sud-vietnamienne totalement financée par la CIA. Une excellente couverture qui permet à Pham Xuan An de prendre pied dans le milieu de la presse de Saïgon. Commencent alors les années les plus brillantes mais aussi les plus dangereuses de sa vie, celles où l'espion-journaliste devient correspondant de l'agence Reuters et du magazine *Time*.

Le jour, tous les Occidentaux alors à Saïgon s'en souviennent, Pham Xuan An passe de longues heures à la terrasse de l'hôtel Continental, ou au café-glacier Givral, deux endroits chics du centre-ville qui datent de la colonisation française. Sous les palmes des ventilateurs, en sirotant un cocktail ou un sorbet, c'est là que se retrouve tout ce que la capitale du Sud-Vietnam compte de personnalités influentes, militaires, députés, journalistes, hommes d'affaires, espions… Et c'est vers Pham Xuan An qu'ils se tournent pour obtenir des renseignements sur l'avancée des combats, l'évolution de la stratégie nord-vietnamienne ou américaine.

Surnommé le « général Givral », Pham Xuan An, qui ne manque pas de modestie et d'humour, préfère les titres de « professeur coup d'État » ou « entraîneur de chiens militaires », une allusion à ses chiens, des bergers allemands, qui ne le quittent jamais. Après la chute de Saïgon, on apprendra que ces chiens étaient entraînés par leur maître à repérer à des kilomètres le bruit d'une descente de police pour lui permettre d'échapper à une arrestation.

Pham Xuan An passe aussi de longues heures à discuter avec son ami Robert Shaplen, le correspondant à Saïgon du magazine américain *The New Yorker*, qui a ses entrées à l'ambassade des États-Unis et à la CIA. Bien des années plus tard, on soupçonnera Robert Shaplen d'avoir été le maillon faible, par excès de confiance pour son ami vietnamien. Inversement, un jour que Robert Shaplen, intrigué, demande à Pham Xuan An comment il obtient ses renseignements sur l'avancée militaire des Vietcong, son ami l'emmène au marché de Saïgon. Là, au milieu des oiseaux et des animaux en cage, le Vietnamien explique à l'Américain que si on ne voit pas de sauterelles à la vente, c'est que la région qui les produit est passée sous contrôle Vietcong. Au contraire, si les sauterelles réapparaissent, c'est que la région a été reprise par l'armée sud-vietnamienne. Robert Shaplen a-t-il été dupe ?

Lorsque vient la nuit, le grand ami des Américains se transforme en redoutable espion, passant des heures à photographier des documents top secret. Pour les transmettre au camp communiste, Pham Xuan An dissimule parfois les pellicules dans des nems ou dans le ventre de poissons qu'il range dans des paniers. Le lendemain, les paniers, déposés dans des lieux publics, sont récupérés par des agents de liaison. Une opération délicate et dangereuse. Parmi la quarantaine d'agents qui travaillent dans son réseau, 27 seront capturés ou tués.

La nuit, Pham Xuan An tape aussi sur sa machine à écrire de véritables rapports stratégiques, parfois de plusieurs centaines de pages, à partir des renseignements collectés dans la journée. Tous les deux ou trois mois, le week-end plutôt pour ne pas éveiller les soupçons, dans sa modeste Renault 4, Pham Xuan An quitte Saïgon en direction du nord-ouest, dans la forêt de Cu Chi. Là, à un endroit précis, à l'abri des regards, il ouvre une trappe dans le sol et disparaît à l'intérieur. Les tunnels de Cu Chi, où se cachent les combattants Vietcong, sont entrés depuis dans la légende de la guerre de libération du Vietnam. Dès l'époque de la guerre d'Indochine, les Vietcong ont creusé dans la région de Cu Chi un réseau souterrain, qui s'est considérablement développé pendant la guerre contre les Américains. Plus de 200 km de galeries où les combattants accumulent leurs armes et leurs réserves de nourriture, soignent leurs blessés, et où les chefs haranguent les soldats.

Les rapports livrés par Pham Xuan An empruntent une route longue et compliquée depuis les souterrains de Cu Chi jusqu'au Politburo du Nord-Vietnam, en passant par le Cambodge et la Chine. D'après la légende, Hô Chi Minh et le général Giap, le commandant en chef de l'Armée populaire du Vietnam, se frottaient les mains en lisant les rapports de Pham Xuan An. Ces documents sont si détaillés sur la stratégie américaine qu'ils déclaraient : « C'est comme si nous assistions, en ce moment même, au conseil de guerre des États-Unis ! »

Les renseignements fournis par Pham Xuan An ont joué, on le sait maintenant, à plusieurs reprises un rôle décisif dans la guerre : notamment à la bataille d'Ap Bac, où l'armée sud-vietnamienne et les Américains subissent leur première défaite face aux Vietcong. Le 2 janvier 1963, dans le delta du Mékong, l'armée sud-vietnamienne, qui a repéré un émetteur radio ennemi, monte à l'assaut du village d'Ap Bac. À sa grande surprise, elle est victime d'une embuscade au milieu des rizières. Les Américains, alertés, envoient alors des renforts mais 14 de leurs hélicoptères sont touchés. Cinq d'entre eux sont abattus, des hommes d'équipage sont tués ou blessés. Le soir, les Vietcong finissent par se replier mais cette bataille marque les esprits : pendant des heures, pour la première fois, ils ont tenu tête à la puissance américaine. Ils n'ont plus peur. Cet épisode révèle aussi, les Américains en sont certains, que les Vietcong ont été prévenus de l'attaque. Par qui ? Par

Pham Xuan An bien sûr : peu de temps avant, il avait fourni à Hanoï, la capitale du Nord, le programme confidentiel de « guerre spéciale » qui exposait la tactique américaine au Vietnam. L'espion recevra deux décorations pour son rôle joué dans la bataille d'Ap Bac.

Pham Xuan An joue un rôle important aussi en 1968 dans ce qu'on appelle l'« offensive du Tet », qui marque un tournant dans la guerre. Le 30 janvier 1968, plus de 80 000 hommes de l'armée populaire du Nord-Vietnam et de celle des Vietcong attaquent par surprise, simultanément, une centaine de villes du Sud. La date de cet assaut spectaculaire n'a pas été choisie au hasard : elle se situe en pleine trêve du Tet, le Nouvel An lunaire vietnamien. Des commandos réussissent même à Saïgon à investir l'ambassade des États-Unis, un lieu que l'on pensait imprenable.

Il ne fait aucun doute que Pham Xuan An a participé à la préparation de l'offensive du Tet. Deux ans auparavant, un colonel de l'armée communiste avait été envoyé secrètement à Saïgon pour préparer l'attaque. Pham Xuan An avait emmené le colonel faire le tour de la ville dans sa Renault 4 pour lui montrer les bâtiments stratégiques, les postes d'essence, les ports civils et militaires... Tout ce qu'il fallait savoir pour s'emparer de la ville ! Cette histoire est entrée dans la légende du Vietnam et les pistolets de ce colonel ainsi que la Renault 4 de Pham Xuan An sont toujours exposés au musée des renseignements militaires à Hanoi.

Après l'offensive du Tet, la contre-attaque américaine permet de reconquérir la majeure partie des villes. Mais l'effet psychologique reste considérable : l'offensive du Tet montre au monde entier la détermination des communistes. Les pertes humaines sont très lourdes : 4 000 Américains sont tués ou blessés. On compte cinq fois plus de morts et de blessés dans le camp communiste. Le président des États-Unis, Lyndon Johnson, se décide à ouvrir des pourparlers de paix et à commencer le retrait des 540 000 soldats américains. En 1973, un accord est enfin signé, prévoyant un cessez-le-feu.

Le texte prévoit le retrait des forces américaines sous deux mois et la libération de tous leurs prisonniers. La division du Vietnam demeure. C'est une situation qui aurait été inacceptable pour Hô Chi Minh, qui affirmait : « Le peuple du Vietnam, c'est Un. Et le pays du Vietnam, c'est Un. » Hô Chi Minh est mort en 1969, mais pour ses successeurs, l'objectif reste le même : réaliser l'unité du Vietnam sous l'égide du communisme. Maintenant que le gros des forces américaines est parti, l'heure n'est-elle pas venue de s'emparer du Sud-Vietnam ? À Hanoï, le général Giap hésite : pour la Chine et l'URSS, les principaux alliés du Nord-Vietnam, l'heure est à la détente avec les États-Unis et, surtout, si Hanoï lance une offensive au sud, les Américains ne risquent-ils pas d'envoyer à nouveau des troupes au Sud-Vietnam ou de lancer une série de bombardements sur Hanoï ? Pour le savoir, le gouvernement de Hanoï fait appel à son meilleur agent à Saïgon, Pham Xuan An.

L'espion réussit à mettre la main sur un document top secret du Comité d'études stratégiques de Saïgon, dont le contenu est stupéfiant : il expose sans ambages l'état désastreux de l'armée sud-vietnamienne et son incapacité à faire face à une éventuelle attaque du Nord. Le document révèle également que les Américains n'interviendront plus militairement pour sauver le Sud-Vietnam du communisme. Ce rapport donne le feu vert à l'armée nord-vietnamienne qui, le 10 mars 1975, lance l'offensive vers le sud. Comme annoncé, l'armée du Sud, privée de l'appui de l'US Air Force, est incapable de résister. Des centaines de milliers de réfugiés fuient vers le sud et vers la mer. Sept semaines plus tard, le 30 avril 1975, les Nord-Vietnamiens associés aux communistes du Sud entrent dans Saïgon.

Pham Xuan An est présent lors de la prise du palais présidentiel. C'est du moins ce que raconte un de ses amis journalistes, Nayan Chanda, qui travaille alors pour l'agence Reuters : il se souvient de Pham Xuan An contemplant en silence le char en train d'écraser la grille du palais. Nayan Chanda remarque son sourire étrange et son air satisfait, comme s'il était enfin en paix avec lui-même.

Pham Xuan An est sans doute heureux de voir s'accomplir ce pour quoi il se bat secrètement depuis trente ans, le départ des étrangers de son pays qui est enfin unifié. Le 30 avril, à 8 heures du matin, sur le toit de l'ambassade des États-Unis, un hélicoptère évacue les derniers Américains par une échelle de corde. Cette image fera le tour du monde, comme celles, tragiques, des Vietnamiens qui tentent de fuir leur pays par la mer : on les appellera bientôt les *boat people*.

Après la chute de Saïgon et la réunification du pays, des centaines de milliers de Vietnamiens sont envoyés dans ce qu'on appelle pudiquement des « camps de rééducation ». Aussi étonnant que cela puisse paraître, Pham Xuan An, l'espion le plus fidèle et le plus efficace des communistes vietnamiens, y passe lui-même une année. « J'ai eu droit à une rééducation "gentille" dirons-nous. J'avais vécu trop longtemps au milieu de l'ennemi. Ils m'ont envoyé là-bas pour y être recyclé. » Cela ne l'empêche pas d'être promu général et élevé au rang de « héros de l'armée populaire ».

Pham Xuan An termine sa vie dans sa petite maison de Saïgon – devenue Hô Chi Minh-Ville –, avec sa femme et sa famille, au milieu de ses livres et de ses chers animaux, des chiens, des oiseaux en cage et des poissons. « J'aime les poissons, parce qu'ils ne parlent pas », dit-il. Pham Xuan An meurt en 2006, à l'âge de 79 ans.

ANTOINE MÉLÉRO

1929-2025

Le bras armé du SDECE

Antoine Méléro, *alias* « Tony », appartient à la face obscure des services secrets français, celle qui sent la poudre, le sang et la mauvaise conscience. Il est de cette espèce que les chefs du renseignement préfèrent oublier, mais dont en même temps ils ne peuvent pas se passer : celle des exécuteurs de basses œuvres, autrement dit les tueurs.

L'histoire d'Antoine Méléro est indissociable de celle de la décolonisation après la Seconde Guerre mondiale. Dans les années 1950, ce jeune pied-noir du Maroc, policier à Casablanca, a appartenu à la Main rouge, une association secrète d'extrême droite prête à tout, même à tuer, pour empêcher les indépendances au Maghreb français. La Main rouge multiplia les actions violentes en Tunisie, au Maroc et en Algérie mais aussi en métropole et même dans toute l'Europe. Bien avant ceux de l'OAS, ces attentats ont semé la terreur et fait la une des journaux. La police française semblait cependant impuissante à en arrêter les mystérieux auteurs, ou la justice à les condamner.

On finira tardivement par découvrir que la Main rouge était en réalité un bras armé du SDECE, le service de renseignement français : un service ultra-secret à l'intérieur des services secrets, qui, sur ordre direct du gouvernement à Paris, commettait des opérations Homo (pour « homicides »), qui devaient garder l'aspect de crimes d'extrême droite et qui au bout du compte restaient impunis.

Revendiqués par la Main rouge, des centaines d'assassinats ciblés visant des étrangers et même des citoyens français ont été commises sur ordre de la France. L'histoire de la Main rouge et de ses hommes, longtemps tenue secrète, conserve encore aujourd'hui de grandes pages blanches, la France n'ayant pas encore ouvert toutes ses archives. Ce qu'on connaît, on le doit au travail des journalistes d'investigation et des historiens, mais aussi aux hommes de main qui ont accepté de parler. Parmi eux, Antoine Méléro, qui a témoigné dans un livre, *La Main rouge. L'armée secrète de la République*, coécrit avec Jean-Émile Néaumet et publié en 1997 aux éditions du Rocher. Un livre surprenant, étrange fourre-tout de remarques sur le bon vieux temps colonial et de récits détaillés de multiples assassinats, où l'auteur se garde bien de préciser sa responsabilité personnelle.

L'une des affaires les plus célèbres auxquelles Antoine Méléro est mêlé, qui lui vaudra d'être convoqué par la justice, se déroule au Maroc. En 1958, il est en effet arrêté à Paris, soupçonné de l'assassinat à Casablanca, trois ans plus tôt, de Jacques Lemaigre-Dubreuil, un industriel et patron de presse, chef de file des Français du Maroc favorables à l'indépendance. Le nom d'Antoine Méléro apparaît également pendant la guerre d'Algérie lors d'enquêtes sur la mort en Allemagne et en Suisse de plusieurs trafiquants d'armes, qui avaient eu la mauvaise idée de faire affaire avec le Front de libération nationale (FLN*) algérien. Tous ces crimes étaient signés de la Main rouge.

Antoine Méléro naît en 1929 à Mogador, actuelle Essaouira au Maroc. Ce pied-noir, fils et petit-fils de pied-noir, ne cachera jamais son amour pour sa terre natale, protectorat français depuis 1912. En 1952, à

23 ans, Antoine Méléro, qui parle français, arabe et espagnol, est embauché comme policier à Casablanca. La même année, il est approché par le capitaine Fillette, ancien résistant, et représentant à Rabat du SDECE, qui recherche un homme discret et prudent, dévoué 24 heures sur 24 au service de la France. Il le prévient : « Vous serez probablement amené à tuer. »

Méléro accepte. Avec les autres nouvelles recrues, issues comme lui de l'armée ou de la police, il reçoit une formation intensive et secrète au camp d'entraînement d'Aïn Sebaa, près de Casablanca. Seulement deux semaines après son recrutement, Méléro reçoit sa première mission : retrouver l'assassin d'un commissaire de police, abattu quelques jours plus tôt dans la médina de Casablanca, et le faire disparaître. Nous sommes en décembre 1952. Au même moment, la Main rouge s'apprête à se faire connaître en Tunisie pour un assassinat politique au retentissement mondial.

Si la Tunisie est un protectorat français depuis la fin du XIXe siècle, de fortes revendications d'indépendance se manifestent depuis 1945, menées principalement par le parti du Néo-Destour et son leader charismatique Habib Bourguiba. À Paris, le gouvernement a tenté de temporiser, mais en 1952, les tensions ont monté d'un cran. Sous l'autorité du résident général, Jean de Hauteclocque, bien décidé à ne rien lâcher, les émeutes, les manifestations et les grèves sont réprimées dans le sang. La plupart des leaders nationalistes sont arrêtés et déportés. Le 5 décembre 1952, le très populaire leader syndical Farhat Hached, qui milite pour

« J'avoue être chauvin envers tout ce qui concerne le Maroc. Mes deux héros : le boxeur Marcel Cerdan dit "le bombardier marocain" et Larbi Benbarek, le footballeur, surnommé par la presse "la perle noire". »

ANTOINE MÉLÉRO.

l'indépendance, est assassiné près de Tunis : sa voiture est mitraillée, et la victime achevée par balles. L'attentat est revendiqué par la Main rouge, une organisation alors inconnue, mystérieuse nébuleuse de pieds-noirs ultras, partisans acharnés de la présence française.

La nouvelle de cet assassinat soulève une vague d'indignation et de manifestations dans tout le monde arabe et en Europe. À Paris (on l'apprendra des années plus tard) le président de la République Vincent Auriol adresse une note confidentielle à Antoine Pinay, le président du Conseil, pour demander de « punir avec rigueur » les coupables, et il ajoute : « On sait, en haut lieu, en Tunisie, qui est à la tête de ces commandos [...]. J'ai l'impression que la police la connaît. » Une enquête est en effet ouverte, mais trois ans plus tard, malgré l'ordre du président, le dossier est officiellement clos, sans que la justice ait pu désigner des coupables.

L'onde de choc de la mort de Farhat Hached s'étend immédiatement au pays voisin, le Maroc, où les syndicats appellent à la grève générale. À Casablanca, des émeutes sont violemment réprimées. Des Européens sont lynchés. Les forces de l'ordre tirent sur la foule. On compte plusieurs centaines de morts.

Pressé d'agir, le capitaine Fillette fait recueillir des renseignements précis (adresse, emploi du temps, habitudes, etc.) sur une vingtaine de personnalités pro-indépendance au Maroc. Dans un rituel macabre, à intervalle régulier, Fillette confie à ses hommes le dossier d'un homme à abattre.

Le premier homme politique à tuer s'appelle Omar Slaoui, avocat et membre influent de l'Istiqlal, le parti indépendantiste. Pendant trois jours, Méléro et ses complices planquent dans un fourgon garé en face de chez lui. Au moment où l'avocat entre dans sa voiture, le tueur se précipite, ouvre la portière, et tire à quatre reprises avec son 7,65. Omar Slaoui s'écroule. Le tueur grimpe sur la moto de son complice arrivé à la rescousse et disparaît sans laisser de traces. L'action n'a pris que quelques minutes. Omar Slaoui meurt une semaine plus tard à l'hôpital.

Les victimes suivantes de la Main rouge, tous des Marocains pro-indépendance, s'appellent Ahmed Diouri, Omar Drissi et Tahar Sebti. Vingt mille personnes assistent aux obsèques de Tahar Sebti. Rien ne semble pouvoir arrêter la Main rouge.

Au printemps 1955, une figure éminente des Français du Maroc est dans le viseur de l'organisation : Jacques Lemaigre-Dubreuil, industriel des huiles Lesieur et patron de *Maroc-Presse*, un journal qui dénonce les inégalités du système colonial au Maroc et prône un rapprochement entre Européens et Arabes. Comble de l'audace, *Maroc-Presse* publie dans ses colonnes une liste de noms d'hommes qui appartiendraient à la Main rouge. Que peut-on lire en 4e position sur la liste ? « Antoine Méléro, gardien de la paix. » Le capitaine Fillette donne à ses hommes le feu vert pour abattre Lemaigre-Dubreuil qui doit arriver de Paris le 11 juin et atterrir à Casablanca à 11 h 45. Il voyagera *incognito*.

Le 11 juin donc, à 8 heures du soir, les trois hommes de la Main rouge garent leur traction-avant à 50 mètres de l'immeuble où habite Lemaigre-Dubreuil. Ils savent que leur cible doit se rendre à un rendez-vous le soir même. Le voilà en effet qui sort du bâtiment. Depuis la traction-avant qui roule dans sa direction, le tueur brandit son arme et tire une dizaine de balles dans le dos de Lemaigre-Dubreuil, qui s'écroule sur le trottoir. La voiture accélère et disparaît dans la nuit.

Dans son livre, Antoine Méléro affirme que les renseignements sur Lemaigre-Dubreuil venaient de très haut, de Paris. Le président du Conseil d'alors, Edgar Faure, est-il celui qui a donné l'ordre de tuer Lemaigre-Dubreuil ? Les soupçons se sont portés aussi sur le maréchal Juin, sur lequel Lemaigre-Dubreuil aurait possédé des documents compromettants.

En 1956, alors que le Maroc devient indépendant, Méléro est contraint de rentrer en métropole, dans cette France pour laquelle il est prêt à tuer mais qu'il ne connaît pas. À peine met-il le pied à Paris qu'il est rattrapé par son passé. Au café de la Paix, près de l'Opéra, devant un café crème, le capitaine Fillette lui annonce qu'il a du travail pour lui. La conversation devenant délicate, elle se poursuit dans la DS de l'officier du SDECE.

Après la Tunisie et le Maroc, l'enjeu principal de la France est maintenant l'Algérie qui, depuis 1954, se bat pour son indépendance. Dans ce conflit, la question des armes est devenue vitale. Pour se ravitailler, le FLN met en place un intense trafic clandestin par avion et par bateau.

Le capitaine Fillette a reçu l'ordre de détruire les navires mais aussi d'abattre les marchands d'armes, même européens, qui ravitaillent le FLN. Cela implique de commettre des attentats dans des pays alliés de la France.

La première cible est Otto Schlüter, le plus gros marchand d'armes de Hambourg, en Allemagne, qui travaille régulièrement avec le FLN. Comme toujours, le SDECE a minutieusement préparé l'opération Homo : à son arrivée à Hambourg, le tueur trouve une planque, une voiture avec de fausses plaques d'immatriculation et bien sûr des armes.

Un matin, Schlüter sort de chez lui et s'installe dans sa Mercedes avec sa mère. À peine a-t-il tourné la clé de contact que la voiture explose. La vieille dame meurt sur le coup. Le marchand d'armes, lui, a la vie sauve. Comprenant l'avertissement, il cesse bientôt son trafic avec le FLN.

D'autres prennent sa place, eux aussi pourchassés par la Main rouge. Le 19 septembre 1957, à Genève, alors que Marcel Léopold, marchand d'armes suisse, rentre chez lui, un jeune homme le suit dans l'ascenseur. Au troisième étage, Marcel Léopold, au moment de sortir, ressent une vive douleur sous son bras. En arrivant chez lui, il s'écroule, mort, dans les bras de son épouse. Il a été victime d'une fléchette empoisonnée. Une arme, on le saura plus tard, mise au point par les services techniques du SDECE.

Après Marcel Léopold, c'est au tour de Georg Puchert. Le 3 mars 1959, à Francfort, ce marchand d'armes allemand n'a pas la chance d'Otto Schlüter : il meurt déchiqueté dans l'explosion de sa voiture. Ces assassinats, revendiqués par la Main rouge, font grand bruit en Suisse et en Allemagne. La presse soupçonne la France d'être à la manœuvre. À chaque fois, la police piétine et les affaires sont classées.

Pendant qu'Antoine Méléro parcourt l'Europe pour tuer les marchands d'armes, la justice française s'intéresse de près à son passé marocain. En mars 1958, Méléro est inculpé pour association de malfaiteurs et pour complicité d'assassinat dans l'affaire Lemaigre-Dubreuil, le patron de *Maroc-Presse* tué à Casablanca en 1955, à la suite des révélations de Louis Damiani, un gangster qui a participé lui aussi à l'attentat. Cependant, Méléro est à peine inculpé qu'il est mis en liberté provisoire. Absence de preuves ou protection politique ?

Un mois plus tard seulement, Méléro est inculpé dans une affaire de proxénétisme, à la suite de la plainte de deux prostituées de Pigalle qui ont été brutalisées par leur souteneur car elles refusaient de partir au Maroc. Encore une fois pourtant, Antoine Méléro est mis en liberté provisoire. La presse n'est pas dupe : « Antoine Méléro, dit “Tony”, bénéficie-t-il de certaines protections ? » se demande *Le Monde*. Tandis que pour *Paris-Presse*, « avec Méléro, l'impunité est élevée à la hauteur d'une institution ». Une règle qui se confirme en 1964, quand Antoine Méléro bénéficie d'un non-lieu dans l'affaire Lemaigre-Dubreuil.

En 1965 tout de même, Antoine Méléro est révoqué par la police. Pas du tout à cause de la Main rouge, mais pour une caricature de De Gaulle qu'il publie dans le mensuel qu'il a créé, *Le Pied-Noir*, dédié aux rapatriés d'Algérie. Outre sa révocation, la parution vaut à Méléro une amende pour offense au chef de l'État.

Comme beaucoup d'ex-espions, Antoine Méléro, qui a de la ressource et un bon carnet d'adresses, se reconvertit en agent de sécurité pour hommes politiques. Il ouvre sa propre agence de détectives privés, le cabinet Martini, à Paris. En 1979, Méléro est chargé par l'avocat de Jean-Marie Le Pen d'enquêter sur l'attentat qui, trois ans plus tôt, a détruit l'appartement de la famille. Le leader d'extrême droite crie au complot politique. L'enquête privée menée par Antoine Méléro révèle qu'il s'agit d'une vengeance. Jean-Marie Le Pen avait hérité d'une grosse fortune de la part d'un de ses militants, Hubert Lambert, et cet héritage aurait suscité jalousie et désir de vengeance.

En 1982, bénéficiant de la loi d'amnistie voulue par François Mitterrand, l'ancien tueur est réintégré dans la police avec ses droits à la retraite. L'année suivante, il est condamné à dix ans de réclusion criminelle pour complicité de tentative d'assassinat dans une affaire privée. Le temps des protections semble bien révolu. En 1997, à 68 ans, Antoine Méléro est le premier tueur de la Main rouge à témoigner dans un livre.

En 2009, il est interviewé par la chaîne d'info Al Jazeera sur l'assassinat de Farhat Hached. Depuis 1952 en effet, la famille du syndicaliste tunisien se bat en vain pour connaître la vérité et obtenir justice. Antoine Méléro est le premier à confirmer que Farhat Hached a été assassiné par la Main rouge. Surtout, il désigne le commanditaire :

le président du conseil de la IVe République et, à travers lui, la France.

Près de soixante ans après les faits, Méléro ajoute cette phrase incroyable à propos de l'action contre Farhat Hached : « Je la trouve légitime. Si c'était à refaire, je la referais. » Cette déclaration choquante vaudra à Méléro une plainte de la famille du syndicaliste tunisien et de la Ligue des droits de l'homme, pour « apologie de crimes de guerre ». Elle n'aboutira pas, les faits étant trop anciens.

Qu'en est-il de la responsabilité de la France ? En 2013, en visite officielle en Tunisie, le président de la République François Hollande s'engage à restituer aux Tunisiens toutes les archives concernant la mort de Farhat Hached. C'est une grande première car, depuis toujours, la ligne de conduite de la France est de nier toute implication dans les crimes de la Main rouge, qui n'était officiellement qu'une organisation criminelle de pieds-noirs extrémistes. Cette thèse avait été, semble-t-il, confirmée en 1960 par un ouvrage écrit par un certain Pierre Genève, mais ce livre était en réalité un coup monté par le SDECE pour brouiller les pistes.

En 1971, dans l'émission de télévision *Les Dossiers de l'écran* consacrée aux « activités du SDECE », le principal intervenant est Paul Grossin, qui dirigea le SDECE de 1957 à 1962, pendant la guerre d'Algérie donc. Lorsqu'un journaliste lui demande s'il existait des réseaux parallèles au sein du SDECE, Paul Grossin répond sans hésiter : « Il n'y a pas de réseau parallèle. »

Le silence sur la Main rouge est donc de rigueur – et la destruction de preuves, la règle. Après chaque assassinat, aucune note, aucun écrit ne doivent être conservés. Alors il n'existerait aucune preuve que ces crimes étaient commandités ?

Dans son livre *Les Tueurs de la République*, le journaliste Vincent Nouzille révèle l'existence de documents rares. L'un d'eux est une liste des opérations Homo exécutées par le SDECE sous la IVe République, de 1956 à 1958. Un autre énumère les personnes encore à « neutraliser » en 1958. Ces ordres de tuer sont signés dans la marge par Jacques Foccart, alors conseiller de De Gaulle et chef occulte des services secrets. Les ordres étaient transmis au SDECE, qui les faisait exécuter par ses agents ou les sous-traitait à la Main rouge.

À ce jour, aucun crime de la Main rouge n'a jamais été puni. Quant à Antoine Méléro, surnommé « le roi du non-lieu », il est mort en 2025 à l'âge de 95 ans.

PAUL-ALAIN LÉGER

1922-1999

Para et espion au service de l'Algérie française

Pendant la guerre d'Algérie,
cet officier parachutiste et agent
du Service Action du SDECE,
s'est chargé de missions
très spéciales visant à déstabiliser
le FLN qui lutte alors
pour l'indépendance.

En janvier 1957, Paul-Alain Léger débarque en Algérie avec le général Jacques Massu, auquel le gouvernement a confié les pleins pouvoirs. C'est le début de la bataille d'Alger, dans laquelle Massu et ses parachutistes usent de tous les moyens (arrestations, assassinats et torture) pour rétablir l'ordre et anéantir le FLN qui, depuis des mois, multiplie les attentats à Alger. Paul-Alain Léger est l'un des maillons de cette sanglante machine de guerre, mais au sein du renseignement et de la guerre psychologique.

Une photo, martiale, immortalise cette époque. À la fin de la bataille d'Alger, fiers d'une victoire qu'ils croient définitive, quatre militaires en treillis, rangers et béret rouge passent en revue le troisième régiment de parachutistes coloniaux. Ce sont le général Massu, le colonel Bigeard, le colonel Trinquier et, à côté d'eux, le capitaine Léger, un jeune homme brun et mince, à la peau mate et aux yeux noirs. Cette photo, Paul-Alain Léger l'a gardée toute sa vie pliée dans son portefeuille.

Maître dans l'art de la ruse, Léger est l'homme qui a imaginé et orchestré la Bleuite. Cette opération de manipulation et d'intoxication a été l'une des plus meurtrières de la guerre d'Algérie. Par des moyens peu orthodoxes, pour ne pas dire machiavéliques, Paul-Alain Léger a réussi à faire croire à certains chefs du FLN que leurs troupes étaient noyautées par des traîtres. Comme un poison, cette suspicion inoculée chez l'ennemi a amené le FLN à ordonner de véritables purges dans ses rangs en tuant des milliers de faux coupables. Le plan était donc de vaincre le FLN sans faire couler le sang des soldats français. Le FLN se chargeait ainsi lui-même de s'autodétruire. Des méthodes dont Paul-Alain Léger assumera la responsabilité, au nom de l'efficacité.

Cet homme nourri à l'idéal militaire et à l'amour de l'empire colonial a consacré sa vie à faire la guerre jusqu'en 1961, lorsque ce fervent défenseur de l'Algérie française prend le parti des généraux putschistes et se voit contraint de quitter l'armée.

Paul-Alain Léger naît en 1922 au Maroc mais c'est à Sétif, en Algérie, qu'il grandit. Petit, il apprend à parler l'arabe algérien et le kabyle. Il s'en souvient quand un jour, dans la casbah, il interpelle la population en se faisant passer pour un combattant du FLN.

En juin 1940, le jeune homme est à Paris lors de l'invasion allemande. Le 11 novembre, il participe à la manifestation patriotique des lycéens et des étudiants qui est durement réprimée. C'est d'ailleurs par cet épisode courageux que Léger commence à écrire ses mémoires, une manière sans doute d'inscrire le reste de sa vie dans le sillon glorieux de la Résistance.

Au printemps 1942, décidé à s'engager, il parvient à gagner l'Afrique du Nord et à rejoindre l'armée d'Armistice. L'année suivante, il s'engage dans une unité de parachutistes français de l'armée britannique, le futur 3e Special Air Service (SAS) sous les ordres du commandant Conan. C'est dans ce Service Action que Léger apprend à sauter en parachute bien sûr, mais aussi à créer des maquis, à former des équipes de sabotage et des filières d'évasion. En juillet 1944, Léger est parachuté en France occupée pour mener des opérations de commandos. Quand le conflit se termine enfin en Europe, un autre commence en Extrême-Orient : la guerre d'Indochine. Paul-Alain Léger, qui a décidé de rempiler dans les paras, s'embarque pour l'Indochine en 1946. Il y fera deux séjours de deux ans, jusqu'à la défaite de 1954. Là, il découvre une guerre jusqu'alors inconnue des Français, la guérilla révolutionnaire.

Lors de son second séjour, Paul-Alain Léger prend le commandement de la base de Cu Lao Ré, une île volcanique de la mer de Chine, où il développe des formes de guerre non conventionnelle s'inspirant des méthodes de l'ennemi : propagande, assassinats, sabotage, infiltration, coups tordus. Il enrôle des autochtones, pêcheurs locaux ou prisonniers du Vietminh qu'il réussit à retourner. Immergés dans la population, ces soldats ne portent pas d'uniforme. Comme leurs ennemis viet-minh, et pour mieux les tromper, ils sont vêtus de noir. Ces méthodes inédites porteront leurs fruits. Paul-Alain Léger, objet parfois d'un véritable culte par ses hommes, règne sur Cu Lao Ré en maître solitaire. En mai 1954, la défaite française de Dien Bien Phu le contraint à quitter son royaume.

Pour Paul-Alain Léger, la responsabilité de la perte de l'Indochine incombe tout entière aux politiques. Déjà, on perçoit l'amertume du militaire qui rejoindra le putsch des généraux à Alger en 1961.

À peine est-il de retour à Paris en 1954 que Léger est affecté au 11e bataillon de parachutistes de choc pour servir au Service Action du SDECE, installé à Paris, porte des Lilas, dans la caserne des Tourelles surnommée « la Piscine ». Léger fait donc maintenant partie des militaires rattachés à l'espionnage.

Si la guerre d'Indochine est terminée, un autre conflit préoccupe alors le gouvernement de la IVe République, et donc ses services secrets : les « événements d'Algérie », comme on désigne alors pudiquement la guerre qui vient de se déclencher dans ce territoire français. Le 1er novembre 1954, 70 attentats antifrançais sont commis simultanément sur le sol algérien. C'est la « Toussaint rouge ».

Désormais, l'ennemi que Paul-Alain Léger est chargé de combattre est le FLN. Sa première intervention a lieu en Égypte, que la France soupçonne de soutenir les nationalistes algériens. En 1956, après la nationalisation du canal de Suez ordonnée par Nasser, Paul-Alain Léger participe au parachutage franco-britannique à Port-Saïd pour reprendre le contrôle du canal. L'opération de Suez, désavouée par l'ONU et par l'URSS, tourne au fiasco. Les soldats britanniques et français sont priés de rentrer chez eux, pour la plus grande amertume de Paul-Alain Léger.

Fin 1956, les attentats meurtriers se multiplient à Alger. Le gouvernement n'arrive plus à maintenir l'ordre avec la police et décide de confier cette mission à l'armée.

« Les hommes politiques
avaient une fois de plus
baissé pavillon et interrompu
le cours d'événements
qu'ils avaient eux-mêmes décidés.
Rentré à Paris,
[...] les renseignements venus
d'Algérie ne laissaient aucun
doute sur la gravité
de la situation. Bientôt,
je pris la décision de rejoindre
sur le terrain les camarades
qui s'y trouvaient déjà. »

PAUL-ALAIN LÉGER.

Doté des pleins pouvoirs, le général Massu prend la tête de 10 000 hommes, parmi lesquels 4 000 parachutistes bien entraînés depuis la guerre d'Indochine à la lutte antiguérilla. C'est avec eux que le para et espion Paul-Alain Léger débarque à Alger en janvier 1957.

Léger découvre une ville qui depuis des semaines vit au rythme angoissant des attentats aveugles du FLN et des représailles, non moins aveugles, menées par des Européens sur des musulmans. Par tous les moyens, Massu et ses hommes s'emploient à reprendre la casbah, le vieux quartier arabe devenu le fief imprenable du FLN et de son chef algérois, Yacef Saadi.

Paul-Alain Léger, habitué à travailler seul, veut utiliser les méthodes qu'il a expérimentées en Indochine. Il crée sa propre organisation, le Groupe de renseignement et d'exploitation (GRE*) et forme sa propre équipe, réduite mais efficace, avec deux paras qu'il a ramenés d'Indochine : le premier, Barjoux, surnommé « Dédé le blond » ou « Double Colt » à cause des pistolets dont cet as de la gâchette ne se sépare jamais, et Abdelaziz Abdelhami, dit « Surcouf », un colosse musulman placide et débonnaire en apparence, mais capable de se transformer en tueur en un instant. Le troisième de l'équipe est un jeune ex-combattant du FLN, une forte tête, surnommé Alilou, qui connaît la casbah comme sa poche.

Léger décide aussi de puiser dans les prisons des rebelles FLN arrêtés, hommes ou femmes, et de les retourner. Avec eux, il monte des opérations de renseignement à l'intérieur de la casbah. Pour y passer inaperçu, Léger a l'idée d'habiller ses hommes et lui-même comme ceux du FLN, en bleu de travail, avec une mitraillette cachée sous la chemise. C'est ce qui leur vaudra ce surnom de « bleus ». Quand Léger parle de son plan à son supérieur le colonel Godard, celui-ci lui répond qu'il est fou, qu'il n'en est pas question, que c'est beaucoup trop dangereux. Léger, sûr de lui, n'obéit pas !

Parmi les membres du FLN que Léger sort de prison et réussit à retourner, une jeune femme, Houria, dite « Houria la Brune », va jouer un rôle clé. Léger a compris l'importance des femmes au sein du FLN : ce sont souvent elles qui sont chargées de poser les bombes. Il réussit sans mal à convaincre cette ancienne messagère du FLN de faire du renseignement pour lui. Dégoûtée par les attentats aveugles commis par son camp, la jeune femme est, semble-t-il, impressionnée par la personnalité du capitaine.

Premièrement, Léger doit faire croire au FLN qu'Houria est une combattante authentique. Pour cela, le capitaine monte sa fausse arrestation. En pleine nuit, elle est interpellée par la police à son domicile dans la casbah. Une arrestation bruyante qui, comme prévu, réveille tout le quartier. Au moment où elle est emmenée par les policiers, comme par hasard, elle réussit à leur échapper et à s'enfuir. Léger lui laisse quelques secondes pour prendre de l'avance, sort son pistolet, tire quelques coups dans la direction de la fugitive et, toujours aussi mollement, se lance à sa poursuite. La réussite est totale : Houria, par son évasion spectaculaire, devient une héroïne du FLN tout en continuant à renseigner Léger.

Houria l'aide notamment à débusquer l'introuvable Yacef Saadi, le chef FLN d'Alger. Le 24 septembre 1957, au petit matin, les paras et les bleus de Léger investissent le 3, rue Caton dans la casbah, où se cachent Saadi et sa complice Zohra Drif.

Yacef Saadi sera condamné à mort puis gracié par le général de Gaulle en 1959. Deux semaines après l'arrestation de Saadi, c'est au tour de son adjoint, Ali la Pointe, d'être localisé. Comme il refuse de se rendre, les paras font dynamiter sa planque sans savoir qu'elle abrite une importante réserve de bombes, et provoquent ainsi une énorme explosion. L'arrestation de Saadi et la mort d'Ali la Pointe sonnent la fin de la bataille d'Alger, gagnée par les Français.

Dans le reste de l'Algérie, la guerre continue, menée par l'Armée de libération nationale (ALN*), le bras armé du FLN. Un de ses plus valeureux combattants est le colonel Amirouche, surnommé « Amirouche le terrible » ou le « Loup de l'Afkadou ». Redouté des Français, apparemment insaisissable, il dirige l'une des divisions administratives créées par le FLN, la wilaya 3. Paul-Alain Léger monte contre lui une stupéfiante opération d'intoxication qui aboutira à la Bleuite.

Pendant la bataille d'Alger, Léger a mis la main sur Zerrouk, un chef FLN qu'il a réussi à retourner lui aussi. Comme le FLN ne sait rien de cette capture, Léger demande à Zerrouk d'entamer une correspondance écrite avec Amirouche. Pendant des mois, en 1957 et 1958, des lettres signées de Zerrouk, mais rédigées en réalité par Léger, sont envoyées dans le maquis à Amirouche qui y répond. Cette correspondance aura des conséquences tragiques. Dans ces lettres, Léger fait croire à Amirouche que la zone FLN d'Alger a été décapitée mais pas démantelée. Le 12 novembre 1957, Amirouche lui adresse cette réponse stupéfiante : « Ordre de mission : le porteur de cet ordre de mission est habilité au nom de la wilaya 3 à représenter l'armée et le Front de libération nationale au sein de la zone autonome d'Alger. »

Cela signifie qu'Amirouche désigne son destinataire, en l'occurrence, à travers Zerrouk, Paul-Alain Léger, comme successeur de Yacef Saadi à la tête du FLN à Alger et lui donne l'ordre de reprendre les attentats qui ont cessé depuis la victoire de Massu ! Léger n'aurait jamais imaginé une telle réussite.

Pour continuer de tromper l'ennemi, il organise de faux attentats dans Alger, avec les munitions que lui envoie Amirouche : il fait poser des bombes, qui explosent mais sans faire de victimes. En conséquence, pendant six mois, le calme règne à Alger.

Amirouche s'impatiente et exige des résultats. Sinon, écrit-il, il ne fournira pas au FLN d'Alger les gros « poissons » qu'il lui a promis. Léger, qui comprend qu'il s'agit d'obus, décide de se rendre lui-même dans le maquis kabyle pour récupérer ces munitions. Avec quelques bleus, tous d'anciens du FLN, Léger, vêtu d'une djellaba, marche pendant des heures sous une pluie battante dans les montagnes kabyles en direction du QG d'Amirouche. En route, ils tombent sur une patrouille de l'ALN qu'ils réussissent à capturer sans tirer le moindre coup de feu. Après avoir récupéré les obus, Léger et ses hommes repartent à Alger avec leurs prisonniers.

C'est à ce moment que commence la Bleuite. Quand Amirouche apprend que plusieurs de ses hommes ont été capturés par l'ennemi sans un coup de feu, le doute s'immisce dans son esprit : y aurait-il des traîtres dans ses rangs ?

Paul-Alain Léger fait tout pour confirmer ses craintes. Dans cette mystification, pendant l'hiver 1957-1958, une femme va l'aider, bien malgré elle et pour sa propre perte. Zohra Tadjer, surnommée Roza, est une jeune militante du FLN qui a été arrêtée à Bordj Menaïel, un village non loin du maquis d'Amirouche. Paul-Alain Léger l'interroge avec comme toujours l'idée de la rallier à son camp. Rapidement, Roza accepte de rejoindre les bleus. Trop rapidement. Léger comprend qu'elle n'a en réalité qu'une envie : retourner au maquis. Il décide alors de l'utiliser et de faire croire au FLN qu'il a réussi à retourner Roza. D'abord, il la promène en voiture dans le village, en plein jour de marché, de telle manière qu'elle soit vue de tous les habitants en compagnie d'un officier français. De tous, y compris des maquisards. Léger emmène ensuite la jeune fille à son bureau à Alger et lui montre la correspondance échangée avec la wilaya 3. Il veut ainsi faire croire à Roza que le FLN est infesté d'espions à la solde des Français. Surtout, il veut qu'elle en informe ses chefs.

C'est ainsi que Paul-Alain Léger utilise la jeune Roza pour inoculer le doute, la fameuse Bleuite, dans les rangs de la wilaya 3 du colonel Amirouche. Amirouche, certain d'être victime d'un complot de traîtres pro-français, lance alors dans ses rangs une véritable purge et appelle les autres wilayas à en faire autant.

« Cher frère,
j'ai le devoir et l'honneur
de vous informer, en priant
Dieu que ce message
vous parvienne à temps,
de la découverte, dans notre
wilaya, d'un vaste complot
ourdi, depuis de longs mois,
par les services secrets
français […]. Le réseau tissé
dans notre wilaya vient
d'être mis pratiquement
hors d'état de nuire,
après une enquête d'autant
plus ardue que ses chefs
dans le maquis étaient
des hommes en apparence
au-dessus de tout soupçon. »

COLONEL AMIROUCHE.

Face à l'ampleur de la répression et des purges, les combattants d'Amirouche ne comprennent pas ce qui leur arrive, à eux-mêmes ou à leurs frères d'armes torturés sous leurs yeux. Les principales victimes de la Bleuite sont les combattants fraîchement arrivés au maquis, souvent des étudiants ou des lycéens venus de la ville. Beaucoup y perdent la vie. L'opération de Paul-Alain Léger est une réussite et implique la mort de nombreux ennemis de la France, sans que le sang français soit versé. Elle casse aussi l'unité et le moral de l'ennemi.

Entre aveuglement et paranoïa, ces purges, longtemps restées taboues, laisseront des blessures profondes dans l'Algérie indépendante. Encore aujourd'hui, il est impossible de chiffrer le nombre exact de victimes de la Bleuite. Dans ses mémoires, Paul-Alain Léger donne le chiffre sans doute exagéré de 4 000 victimes, sans exprimer de remords : « Certaines bonnes âmes, sans doute dans le regret des grandes chevauchées et des combats ardents sous le soleil, prétendront que c'était là une guerre indigne de guerrier. Je pense personnellement que si l'ennemi a des dispositions particulières pour se détruire lui-même, bien coupable celui qui n'en profiterait pas. »

La Bleuite n'empêche pourtant pas la marche de l'Algérie vers son indépendance en 1962, pour le plus grand désespoir de Paul-Alain Léger qui participe au putsch des généraux du 22 avril 1961. Après l'échec du putsch, le para-espion est incarcéré en métropole. Il quitte l'armée en 1965 et publie ses mémoires, *Aux carrefours de la guerre*, en 1983. En 1999, Paul-Alain Léger meurt à l'âge de 77 ans.

ELI COHEN

1924-1965

Un agent israélien en Syrie

Eli Cohen, *alias* « Kamel Amin Thaabet », est l'espion israélien qui, au début des années 1960, a réussi à s'infiltrer en Syrie, le pays ennemi juré d'Israël. Pendant quatre ans, se faisant passer pour un Syrien, cet agent du Mossad a pénétré les milieux politico-militaires de Damas, au point de devenir le conseiller principal du ministre de la Défense.

En 1965, démasqué et arrêté chez lui, il est condamné à mort et pendu en place publique à Damas. Longtemps objet d'une véritable haine en Syrie, Eli Cohen, dont le corps n'a jamais été restitué à sa famille, est encore aujourd'hui adoré comme un héros en Israël.

La carrière d'Eli Cohen est brève – à peine cinq ans –, et interrompue brutalement alors qu'il atteint le sommet de l'État syrien. Les renseignements qu'il a transmis au Mossad auraient contribué à la victoire d'Israël lors de la guerre des Six Jours en 1967.

Eli Cohen naît en 1924 à Alexandrie en Égypte, d'une famille juive pauvre. Son père, originaire de Syrie, est marchand de cravates. C'est l'époque où communautés musulmane, juive et chrétienne d'Égypte vivent dans une relative harmonie. Eli Cohen est à l'image de cette société multiculturelle. Il parle couramment arabe comme les autres enfants des rues d'Alexandrie, et en même temps il suit les cours de l'école judaïque. Pour sa famille, aucun doute : ce garçon si sérieux, si studieux, qui ne va pas jouer au foot avec les autres, deviendra rabbin. En réalité, Eli adore la physique, les mathématiques ainsi que la photo, il s'imagine plutôt ingénieur. Les événements politiques vont en décider autrement.

En 1944, Eli Cohen, 20 ans, espère ardemment la création d'un état juif en Palestine, alors sous mandat britannique. Il suit avec intérêt les agissements des groupes de résistance juive, Haganah, Irgoun ou Stern, qui commettent des attentats contre l'armée anglaise.

Le 6 novembre 1944 survient un événement qui marque un tournant dans sa vie. Ce jour-là, au Caire, Lord Moyne, le représentant du Royaume-Uni en Égypte, est abattu dans sa voiture par deux membres du groupe radical Stern. Le sort des deux hommes, condamnés à mort et pendus, âgés de 20 ans comme lui et portant le même prénom, bouleverse Eli Cohen qui ne peut bien sûr imaginer qu'un jour il connaîtra la même fin. Décidant alors de s'engager dans la cause sioniste, Eli abandonne ses études et, à côté d'un vague emploi de comptable, s'implique dans des actions clandestines pour favoriser l'émigration juive en Palestine.

La création d'Israël en 1948 provoque immédiatement la guerre entre le jeune État et ses voisins arabes. En Égypte, ce conflit favorise l'hostilité entre musulmans et juifs. En 1949, la famille d'Eli émigre en Israël. Le jeune homme, lui, poursuit son combat clandestin en Égypte. Gamal Abdel Nasser, l'homme fort au pouvoir au Caire, ne cache pas son hostilité à l'égard d'Israël et son ambition de nationaliser le canal de Suez détenu par des capitaux franco-britanniques. Eli Cohen participe à plusieurs complots, à des attentats à la bombe montés secrètement par les services secrets israéliens dans le but de brouiller les relations entre les Britanniques et l'Égypte. Il est arrêté deux fois par la police égyptienne mais, contrairement à ses camarades, échappe à toute condamnation.

En 1956, l'annonce par Nasser de la nationalisation du canal de Suez soulève l'enthousiasme des Arabes égyptiens mais suscite la colère du Royaume-Uni, de la France et d'Israël. Trois mois plus tard, l'État hébreu envahit la bande de Gaza et la péninsule du Sinaï, au nord-est de l'Égypte. En guise de représailles, tous les Juifs d'Égypte sont déclarés sionistes et ennemis de l'État. Eli Cohen fait partie des 25 000 Juifs contraints de quitter l'Égypte, sans retour possible, après avoir signé une déclaration où ils affirment quitter le pays volontairement et accepter la confiscation de leurs biens.

Au début de l'année 1957, Eli Cohen, 33 ans, débarque en Israël avec une petite valise pour tout bagage. Il est heureux de retrouver sa famille, arrivée six ans plus tôt, mais pendant plusieurs mois, nostalgique de son pays, l'Égyptien juif a du mal à se faire à sa nouvelle vie et à l'hébreu. Pourtant, comme il est doué pour les langues, Eli apprend vite. Il finit par trouver un emploi de comptable dans un grand magasin de Tel Aviv. En août 1959, il se marie avec Nadia, une jeune juive originaire d'Irak. Une femme qu'il aime, un emploi stable, un logement et bientôt des enfants… Toutes les conditions semblent réunies pour une vie heureuse et sans histoire. En réalité, c'est maintenant que l'aventure, la grande, la plus dangereuse, va commencer pour lui.

Dès son arrivée en Israël, Eli, qui aspire à reprendre du service, postule deux fois au Mossad, sans succès. En 1960, le Mossad reprend contact avec lui. « Eli Cohen, es-tu vraiment prêt à collaborer avec nous ? Serais-tu disposé à partir en mission à l'étranger ? En Europe ou dans un pays arabe ? » Comment expliquer ce revirement ? Depuis deux ans, Israël voit d'un mauvais œil la montée du panarabisme à ses portes, au nord et au sud. En 1958 en effet, l'Égypte et la Syrie ont décidé de s'unir et de ne former qu'un seul « État arabe uni », dirigé par un leader unique, l'Égyptien Nasser.

Les tensions sont de plus en plus fréquentes à la frontière entre Israël et la Syrie. Pour connaître les intentions et les moyens militaires de son principal ennemi, le Mossad recherche un agent capable de s'infiltrer en Syrie au cœur du pouvoir et de donner l'alerte en cas de guerre imminente. Eli Cohen est peut-être le candidat idéal : intelligent, intègre, doté d'une très bonne mémoire et surtout très motivé, il parle couramment arabe. Par son physique – peau mate, cheveux crépus noirs et yeux marron –, il passe facilement pour un Syrien. Son épouse Nadia s'étonne de voir son mari se laisser pousser la moustache, lui qui a toujours détesté ça. « Je serai sans doute obligé de temps de temps de partir en voyage à l'étranger. »

En 1960, Eli Cohen, embauché par le Mossad, se forme au métier d'espion : filature, fausse identité, usage des postes émetteurs, apprentissage de la culture syrienne et de l'Islam pour faire de lui un parfait musulman. Il prend le nom de Kamel Amin Thaabet et se fait passer pour le fils d'une famille syrienne.

Avant la Syrie, l'espion doit séjourner à Buenos Aires, en Argentine. Pour justifier le fait que personne ne le connaît en Syrie, le plan du Mossad est astucieux : depuis

« Ton nouveau nom sera
Kamel Amin Thaabet.
Tu es fils d'une famille
syrienne. Quand tu étais jeune,
ta famille a émigré
en Argentine où ton père
est devenu propriétaire
d'une grosse usine textile.
À sa mort, tu as repris
l'affaire qui est aujourd'hui
une des plus prospères
d'Amérique latine. »

YITSHAK,

« le Derviche »,
instructeur d'Eli Cohen.

son enfance, Kamel Amin Thaabet appartient à la diaspora syrienne en Amérique latine. Eli Cohen doit établir des contacts avec les Syriens de Buenos Aires qui l'aideront ensuite à s'implanter quand il partira à Damas. En janvier 1961, Eli Cohen dit au revoir à sa femme et à sa fille et s'envole pour l'Argentine. Il part, dit-il, en voyage d'affaires pour quelques mois. À Buenos Aires, l'espion se mêle à la communauté des expatriés arabes de la ville et devient rapidement un habitué des soirées de l'ambassade de Syrie. C'est là qu'un soir, il fait la connaissance de l'attaché militaire, un certain Amin El Hafez, membre du Baas, un parti arabe d'inspiration socialiste et nationaliste. Le même qui, deux ans plus tard, à la suite d'un coup d'État, deviendra l'homme fort en Syrie. C'est aussi lui qui, un jour, condamnera à mort l'espion Eli Cohen. Pour l'heure, à Buenos Aires, Eli use de tout son charme et de toute son ardeur pro-Baas pour séduire l'attaché militaire syrien.

En 1961, le Mossad juge que son agent est prêt. Muni de lettres de recommandation, Eli Cohen quitte l'Argentine. Après quelques mois passés chez lui à Tel Aviv avec sa femme et sa fille, et le temps de concevoir un deuxième enfant, l'heure est enfin venue pour lui d'accomplir le grand saut : partir en Syrie. Entretemps, un événement capital change la donne : la République arabe unie éclate. La Syrie se débarrasse de l'emprise de l'Égypte de Nasser, mais, en même temps, entre dans une longue période d'instabilité politique qui sera bientôt favorable au parti du Baas.

Fin décembre 1961, Eli Cohen part pour un périple compliqué vers la Syrie, *via* l'Allemagne, la Suisse, l'Italie et le Liban. Dans sa valise, l'agent secret transporte un objet insolite, un mixeur électrique en plastique, banal en apparence, mais au fond duquel est dissimulé un poste émetteur miniature.

Sur le paquebot qui le conduit au Liban, Eli Cohen, *alias* « Kamel Amin Thaabet », rencontre un voyageur syrien, grand propriétaire terrien, le cheikh Magd Al-Ard. Eli Cohen l'invite à sa table et lui raconte son histoire, comment il a quitté l'Argentine pour rentrer en Syrie faire des affaires dans l'import-export dans l'artisanat et prendre part aux changements politiques de sa chère patrie. Sous le charme, le vieux cheikh lui propose de l'aider. Victoire. Grâce à lui et à sa Peugeot 404, Eli Cohen peut traverser sans encombre la frontière libano-syrienne avec son mixeur-poste émetteur. Il arrive à Damas le 10 janvier 1962.

Là, Eli Cohen s'installe dans un appartement luxueux du quartier résidentiel des diplomates, et surtout juste en face de l'état-major syrien. Cette position est idéale pour surveiller les allées et venues des troupes et des officiers. Le premier soir, après avoir fermé volets et porte d'entrée à double tour, il envoie depuis son poste radio miniature son premier message codé au Mossad : « Damas. Jour 5. Bien arrivé. Face à l'état-major. »

Grâce aux lettres de recommandation obtenues à Buenos Aires, Eli Cohen se lie d'amitié avec Maazi Zaher El Din, qui n'est autre que le neveu du commandant en chef de l'armée syrienne. Très vite, grâce à ce jeune officier, l'espion israélien obtient des renseignements de première main sur l'état d'esprit de l'armée, les rumeurs de coup d'État, la situation militaire à la frontière entre la Syrie et Israël, sur le plateau du Golan et le lac de Tibériade, lieu de fréquents accrochages entre les deux armées.

Pour donner le change, Eli Cohen ne manque jamais une occasion de dire tout le mal qu'il pense des Juifs. Un jour, il exprime à Maazi son désir d'aller voir de ses propres yeux l'« ennemi sioniste ». Maazi lui fait bientôt la surprise de l'emmener visiter les positions fortifiées syriennes qui surplombent Israël, une zone de haute sécurité interdite aux civils. Étonnante sensation pour Eli Cohen de contempler son propre pays depuis celui de l'ennemi… L'espion mémorise tout ce qu'il voit. Le soir même, de retour à Damas, il en informe le Mossad. Dans la nuit, ces messages chiffrés sont immédiatement transmis à l'état-major de l'armée israélienne. On dit que les renseignements fournis par Eli Cohen sur les positions militaires syriennes joueront un rôle décisif, bien après sa mort, lors de la guerre des Six Jours, notamment pour la prise du plateau du Golan.

Au fil des mois, le pseudo-homme d'affaires élargit son cercle d'« amis » en organisant régulièrement des réceptions où se presse le gratin politico-militaire de Damas. Aux frais du Mossad, le cognac et le whisky coulent à flots, des prostituées en mini-jupes dansent des slows et finissent de délasser les plus récalcitrants. Dans ces soirées qui se terminent souvent en orgies, les barrières tombent et les langues se délient. Eli Cohen reste sobre et chaste mais ouvre grand les oreilles. C'est ainsi par une indiscrétion qu'il apprend début 1963 qu'un coup d'État militaire se prépare. Le renseignement transmis à Tel Aviv se révèle exact. Le 8 mars 1963, un coup d'État porte au pouvoir le parti du Baas et, du même coup, une vieille connaissance d'Eli Cohen. Amin

El Hafez, l'ex-attaché militaire de l'ambassade de Syrie à Buenos Aires qu'il avait rencontré en Argentine, devient le président du pays, qu'il dirige d'une main de fer.

À partir de l'été 1963, Eli Cohen devient un proche du nouveau président, un conseiller occulte, mais aussi un généreux donateur : il offre un chèque de 10 000 dollars pour le parti du Baas et un manteau de fourrure pour Mme El Hafez. Pour obtenir de bons renseignements, il faut savoir y mettre le prix !

La principale mission d'Eli Cohen est d'informer Tel Aviv des projets syriens de détournement des eaux du fleuve Jourdain. Une question vitale pour Israël : un tel détournement aurait pour conséquence d'assécher le lac de Tibériade, la principale réserve d'eau d'Israël. Notre espion découvre que l'entreprise responsable du projet syrien est saoudienne, dirigée par Mohammed Ben Laden, le père d'Oussama, futur chef d'Al Qaida. En 1964, grâce aux renseignements fournis par Eli Cohen, les canaux en cours de construction sont bombardés par l'aviation israélienne.

L'espion a une autre mission à Damas : retrouver le nazi Alois Brunner, l'ancien bras droit d'Adolf Eichmann, le maître d'œuvre de la Solution finale. Après la guerre, échappant à la justice, Brunner s'est réfugié en Syrie où, pendant des dizaines d'années, en échange de la protection du régime, il a formé les services de renseignements syriens. Grâce à Eli Cohen, l'homme est localisé à Damas. Une lettre piégée envoyée à son adresse vaudra à Alois Brunner d'être blessé au visage et de perdre un œil. Il survit néanmoins à la tentative d'assassinat, et pour longtemps. L'année de sa mort est incertaine, sans doute en 2001 à Damas.

En 1963 et 1964, Eli Cohen n'a jamais été aussi proche du cœur du pouvoir syrien. Et jamais il n'a autant renseigné le Mossad. Chaque soir, vers 20 heures, il sort le poste émetteur caché dans le lustre du salon et transmet à Tel Aviv, sans toujours respecter les règles de sécurité : il communique trop fréquemment, et souvent plus des deux minutes réglementaires… Comment le Mossad pourrait-il se passer de son meilleur espion ?

Le 18 janvier 1965, à 8 heures du matin, survient le pire qui puisse arriver à un espion : la porte d'entrée de l'appartement d'Eli Cohen vole en éclats… Une dizaine d'hommes de la sécurité syrienne font irruption dans sa chambre alors qu'il est en train de taper un message sur son poste émetteur. L'espion n'a même pas le temps de cacher l'appareil ou d'avaler sa capsule de cyanure. Interrogé pendant des heures par le chef du renseignement syrien, Eli Cohen, un revolver sur la tempe, est contraint de transmettre un message au Mossad. Le télégramme est normal en apparence, mais Eli réussit à changer légèrement son toucher. À l'autre bout, le Mossad, consterné, comprend immédiatement que son meilleur espion vient d'être démasqué et arrêté.

Pendant plusieurs semaines, Eli Cohen est interrogé et torturé dans une prison militaire – ongles arrachés, testicules électrocutés. Il finit par révéler sa véritable identité, et donc qu'il est israélien. Humilié d'avoir été si longtemps berné, le pouvoir syrien est sous le choc ; et en premier lieu le chef de l'État, Amin El Hafez, qui lance une véritable chasse aux sorcières à Damas pour arrêter d'éventuels complices de l'espion, en réalité bien imaginaires.

« Je te prie, Nadia,
de me pardonner,
et de prendre soin de toi
et de nos enfants. Je t'engage
également à te remarier
et à penser toujours à l'avenir.
À vous tous, mes derniers
baisers, et Shalom. »

ELI COHEN,

18 mai 1965.

Aujourd'hui encore, on ne sait pas exactement comment Eli Cohen a été démasqué. Sans doute les transmissions radio trop répétées et trop longues ont-elles été repérées par les Syriens, grâce à de nouveaux équipements de détection fournis par l'Union soviétique. Peut-être aussi l'espion a-t-il éveillé les soupçons par ses dépenses exagérées et par ses questions insistantes sur la présence de nazis à Damas.

Jusqu'à l'ouverture du procès, Damas laisse croire au gouvernement israélien qu'il pourra obtenir la grâce d'Eli Cohen par l'échange d'espions syriens emprisonnés, ou en leur fournissant des médicaments ou du matériel militaire, voire un chèque de plusieurs centaines de millions de francs de l'époque. À la dernière minute, c'est la ligne dure qui l'emporte au procès. Sans l'assistance d'un avocat, Eli Cohen est condamné à mort et pendu le 18 mai 1965 à 3 heures du matin, devant des milliers de personnes, sur la place des Martyrs à Damas. Eli Cohen est mort seul, sans savoir que le gouvernement israélien et sa famille s'étaient mobilisés pour lui. Il a eu le temps d'écrire une dernière lettre à sa femme, qui ignorait son activité dans le renseignement.

Nadia Cohen, qui pendant quatre ans a élevé seule ses trois enfants, ne se remariera jamais. En 2021, elle continuait d'accuser le Mossad de ne pas avoir assez protégé le meilleur de ses espions et espérait toujours la restitution de la dépouille de son mari qui n'a jamais été rendue, malgré les demandes répétées de l'État hébreu. En 2024, après la chute du régime Assad, les autorités israéliennes ont pris contact avec le nouveau gouvernement syrien pour tenter de localiser le lieu de sépulture d'Eli Cohen.

ASHRAF MARWAN
1944-2007

Un Égyptien au service d'Israël

On dit parfois d'Ashraf Marwan
qu'il a été le plus grand espion
du XXe siècle. En tout cas,
il en est certainement
le plus énigmatique.
Dans les années 1960-1970,
cet Égyptien fournissait
des renseignements aux services
secrets d'Israël, alors le pire
ennemi de son pays.

En octobre 1973, la veille du déclenchement de la guerre du Kippour, c'est Ashraf Marwan qui avertit secrètement Israël de l'imminence d'une attaque surprise par l'Égypte et la Syrie. Cette guerre éclair, très meurtrière, change durablement le rapport de force au Moyen-Orient et met en péril l'existence même de l'État hébreu.

Ashraf Marwan est le gendre du président Gamal Abdel Nasser, le père de la révolution égyptienne et du panarabisme. Surnommé « l'Ange », cet espion à la vie fascinante inspirera de nombreux essais, romans et films de fiction. Il est pendant des années la meilleure source de renseignements du Mossad, les services secrets israéliens. « De l'or en barre », dit-on au Mossad à propos de cette taupe dont très peu dans le service connaissent la véritable identité… En Égypte également, Ashraf Marwan est célébré en héros.

Aujourd'hui encore, le mystère reste entier sur l'engagement d'Ashraf Marwan. Était-il un espion sincère en faveur d'Israël qui redoutait une nouvelle guerre au Moyen-Orient ? Un agent double travaillant en réalité pour sa patrie – l'Égypte –, comme on l'affirme au Caire ? Ou encore un aventurier sans scrupule, motivé avant tout par l'argent, son goût du luxe et des femmes ? Les circonstances de sa mort n'ont fait qu'épaissir le mystère. Le 27 juin 2007 son corps sans vie est découvert au pied de son immeuble à Londres. Accident ? Suicide ? Meurtre ?

Né en 1944, Ashraf Marwan grandit dans un quartier bourgeois du Caire, la capitale de l'Égypte. Son père est un militaire qui accédera au rang de général dans la garde présidentielle. Le jeune homme, de toute évidence, est promis à un bel avenir. Issu d'une famille aisée et proche du pouvoir, cet excellent élève obtient en 1965, à l'âge de 21 ans, son diplôme de chimie à l'université du Caire. Élégant, mince, sportif, au visage en apparence doux et sage, Ashraf ne manque pas de charme. Un jour de 1965, alors qu'il joue au tennis dans un club chic du Caire, il fait la connaissance d'une jolie brune de 17 ans au regard rieur qui tombe immédiatement amoureuse de lui. Mona est une des filles de Gamal Abdel Nasser, le président de la République d'Égypte.

Lorsque Mona annonce à son père son désir d'épouser Ashraf Marwan, Nasser ne cache pas sa réticence. Mais elle insiste et Nasser, qui adore sa fille, finit par céder. Ashraf et Mona se marient en 1966. Deux ans plus tard, après avoir terminé son service militaire, Ashraf obtient de son beau-père l'autorisation de partir à Londres pour y poursuivre ses études de chimie. Nous sommes en 1968. On imagine le choc du jeune Égyptien en débarquant à Londres, en pleines *swinging sixties*, la grande époque des Beatles, des Rolling Stones et des mini-jupes de Mary Quant !

Loin de l'Égypte, Ashraf, qui aime la fête, le jeu et le luxe, se jette dans les délices de la vie londonienne. Vite à court d'argent, il trouve une solution dans les bras et surtout dans le compte en banque de l'épouse d'un riche Koweïtien. Ashraf l'ignore, mais il est surveillé par les services secrets égyptiens. Nasser, furieux, rappelle son gendre au Caire et, en guise de punition, lui donne un poste subalterne à la Présidence. Pour certains historiens, c'est l'humiliation et l'amertume du jeune Égyptien qui l'amènent à offrir ses services à Israël.

En 1967, les pays arabes ont été ébranlés par la guerre des Six Jours. En moins d'une semaine, Israël triple la dimension de son territoire. Tandis que l'Égypte perd la bande de Gaza et le Sinaï, la Syrie perd le Golan et Jérusalem passe sous contrôle israélien. C'est une victoire écrasante pour l'État hébreu, désormais persuadé de son invincibilité. Les Égyptiens, et *a fortiori* le premier d'entre eux, n'ont qu'une idée : se venger d'Israël et récupérer les territoires perdus.

C'est dans ce contexte qu'Ashraf Marwan, qui se morfond dans son emploi de bureau, commet l'impensable. Au printemps 1969, il obtient de son beau-père l'autorisation de retourner en Angleterre pour y terminer ses études. Avant de partir, il prend soin de voler à la Présidence des documents secrets qu'il glisse dans sa valise. À peine est-il à Londres que le gendre de Nasser téléphone à l'ambassade d'Israël. On lui raccroche au nez deux fois. Ashraf Marwan insiste, donne son nom. À l'ambassade, le service de sécurité, intrigué, finit par lui proposer un rendez-vous.

Dans le hall de l'hôtel Balmoral, à l'heure convenue, un homme attend à une table en lisant le journal. En réalité, il a sous les yeux une photo d'Ashraf Marwan et guette son arrivée. Un jeune homme mince et élégant entre dans le hall. C'est bien le gendre de Nasser. L'agent israélien invite le jeune Égyptien à s'asseoir. « Ravi de vous rencontrer. Je suis Moshé. »

Ashraf Marwan expose à Moshé les renseignements qu'il est en mesure de fournir au Mossad. Il glisse même une enveloppe sur la table, contenant, dit-il, un échantillon des renseignements qu'il peut leur offrir. Marwan précise que par la suite, il demandera à chaque fois 100 000 dollars. Quand Moshé demande à Ashraf les raisons de son geste, il répond que son beau-père l'a humilié, mais aussi que la guerre des Six Jours lui a ouvert les yeux, qu'il veut être du côté du vainqueur, qu'il n'aime pas les Soviétiques qui soutiennent l'Égypte de Nasser. Difficile d'évaluer la sincérité du jeune Égyptien. Peut-être est-il un agent double travaillant pour son pays.

Quand ils ouvrent l'enveloppe d'Ashraf Marwan, les agents du Mossad sont stupéfaits par l'importance stratégique des renseignements. À chaque rendez-vous, le Mossad multiplie les procédures pour s'assurer que Marwan n'est pas un agent double. L'agent est suivi dans les rues de Londres ou de Paris et soumis au détecteur de mensonges. Rien ne vient jamais ébranler la confiance des services secrets israéliens.

Pendant plusieurs années, l'Ange et Moshé, son officier traitant, se rencontrent régulièrement dans des hôtels londoniens. Afin de semer un éventuel suiveur, Moshé marche pendant des heures, parcourant la ville dans tous les sens, avant de se rendre au rendez-vous. Sa valise, qui ne le quitte pas, est pleine de billets de banque. Jamais le Mossad n'a payé aussi cher un agent ; Israël en a pour son argent. De 1969 à 1973 en effet, Marwan fournit au Mossad des renseignements d'une valeur inestimable. En 1970 par exemple, il apporte la transcription complète de discussions tenues à Moscou où Nasser réclame aux Soviétiques la livraison de bombardiers capables d'atteindre l'intérieur du territoire israélien. Jamais le Mossad n'a eu accès à de tels documents. « Il était le meilleur, dit de lui un agent du Mossad. Une mine d'informations. Comme si nous avions quelqu'un dans le lit du dirigeant. »

La mort de Nasser le 28 septembre 1970 aurait pu compromettre cette collaboration. En réalité, Ashraf Marwan gagne rapidement la confiance de son successeur, Anouar el-Sadate, dont il devient un conseiller aux Affaires étrangères et à la Défense. Le président lui confie même des missions diplomatiques en Arabie saoudite et en Libye, une position idéale pour collecter des informations stratégiques. Marwan est donc plus que jamais essentiel au Mossad.

Pour Anouar el-Sadate, comme pour Nasser, la priorité est de reprendre le Sinaï par les armes. En 1970 et 1971, il multiplie les déclarations va-t-en-guerre fracassantes contre Israël, mais rien ne se passe. Coups de bluff ou de démagogie envers les populations arabes ? Le 24 octobre 1972, plus inquiétant, le président égyptien réunit le conseil suprême des forces armées et ordonne de préparer l'offensive pour la fin de l'année. Marwan en informe immédiatement le Mossad. En Israël, la présidente Golda Meir et son ministre de la Défense Moshe Dayan prennent très au sérieux l'alerte. La fin de l'année arrive mais rien ne se passe.

Au printemps 1973, nouvelle alerte. Ashraf Marwan informe le Mossad qu'une offensive conjointe de l'Égypte et de la Syrie est prévue pour le 15 mai. En urgence, les Israéliens mettent sur pied un plan de riposte militaire d'un coût de près de 35 millions de dollars. Des milliers d'hommes sont rappelés sous les drapeaux. Le 15 mai arrive et de nouveau, rien ne se passe. Comment comprendre ces fausses alertes ? Au sein-même du renseignement israélien, les avis divergent : pour le Mossad, qui a toute confiance en son agent, la menace est bien réelle.

En revanche, les Renseignements militaires commandés par le général Zeira sont persuadés que le Mossad, leur rival, s'est laissé tromper par l'Ange, et que l'Égypte, de toute façon, n'a pas les moyens militaires d'une offensive. Le doute s'immisce dans les esprits : l'Ange providentiel qui, depuis 1969, a empoché des millions de dollars, n'est-il pas un agent double ?

En 1973, une nouvelle crise vient opportunément redorer l'image de Marwan auprès des Israéliens sceptiques. Le 21 février, un avion commercial libyen, par erreur, est abattu en plein vol par des tirs israéliens. Le gouvernement israélien présente ses excuses. Le président libyen Mouammar Kadhafi, fou de rage, exige des représailles. Un attentat est planifié avec la complicité de l'Égypte. Il s'agit de tirer sur un avion de ligne israélien au moment de son décollage à l'aéroport de Rome. Depuis un appartement loué à proximité des pistes, le commando libyen doit abattre l'avion avec des missiles et un lance-missile qu'un agent égyptien a fait entrer en Italie par la valise diplomatique. Ce que le commando arabe ignore, c'est que cet agent égyptien, Ashraf Marwan bien sûr, a alerté le Mossad qui a immédiatement averti les autorités italiennes. Dans la nuit du 5 au 6 septembre 1973, la police surgit dans l'appartement et arrête le commando. L'attentat anti-israélien est donc déjoué *in extremis* grâce à l'Ange. Est-ce une preuve de sa loyauté ?

Bien des années après la mort d'Ashraf Marwan, quand Israël le soupçonne d'avoir été un agent égyptien, on se demande s'il n'a pas fait échouer cet attentat à Rome avec la bénédiction du Caire, dans le but de fortifier l'image de Marwan auprès du Mossad pour mieux le tromper.

La carrière d'espion d'Ashraf Marwan atteint son sommet le 4 octobre 1973. Ce jour-là, en langage codé, il demande à rencontrer en urgence Zvi Zamir, le directeur général du Mossad, qui prend le premier avion pour Londres. Dans une chambre d'hôtel, Marwan informe Zamir que l'offensive égypto-syrienne est imminente. Aussitôt, Zvi Zamir décroche le téléphone et alerte le Mossad à Tel Aviv, dans un langage codé pour le moins limpide !

« La compagnie
va en fin de compte
signer le contrat ce soir.
Ils savent que demain
c'est la fête religieuse
et pensent atterrir
avant la tombée de la nuit.
Selon l'Ange, les chances
sont de 99,9 %. »

ZVI ZAMIR,

appel du 4 octobre 1973.

Si l'alerte est vraie, l'Égypte et la Syrie, avec des armes fournies par l'URSS, ont donc décidé d'attaquer en plein Yom Kippour, cette fête juive de jeûne où tout le pays est à l'arrêt, même les soldats. Si Zvi Zamir et le Mossad sont convaincus que la menace est réelle, en revanche, les Renseignements militaires du général Zeira, persuadés qu'il s'agit d'une nouvelle fausse alerte, mettent du temps à réagir.

Le matin du 6 octobre 1973, c'est donc avec beaucoup de retard qu'Israël décrète la mobilisation. Soudain, à 13 h 55, au milieu du hurlement des sirènes, les Israéliens apprennent à la radio que les forces syriennes et égyptiennes viennent d'attaquer le Sinaï et les hauteurs du Golan. L'attaque égypto-syrienne que l'Ange avait annoncée pour 18 heures a donc débuté avec quatre heures d'avance. Marwan n'a-t-il pas été informé de ce changement d'heure ? Ou bien était-il chargé par l'Égypte de tromper Israël ?

Après un pilonnage de l'artillerie, 8 000 fantassins de l'armée égyptienne franchissent le canal de Suez. Au même moment, au nord, trois divisions d'infanterie syrienne et un millier de chars pénètrent sur le plateau du Golan. Dans les premières 48 heures, les Égyptiens et les Syriens avancent sans rencontrer de réelle résistance tandis que Tsahal, l'armée israélienne, perd 49 avions de chasse et 500 tanks. Ce n'est que le troisième jour qu'elle réussit à lancer une contre-offensive et à reprendre l'avantage. La guerre du Kippour se termine le 25 octobre 1973 par un cessez-le-feu et par la promesse de négociations en vue de rétablir la paix au Moyen-Orient. Le bilan humain est très lourd dans chaque camp et, pour la première fois, l'État hébreu a été menacé dans son existence même.

En Israël, la présidente Golda Meir et Moshe Dayan doivent rendre des comptes. Comment expliquer qu'ils n'aient pas anticipé l'attaque égypto-syrienne et qu'ils aient sous-estimé les capacités militaires de leurs ennemis ? En interne, les services secrets eux aussi sont mis en cause : pourquoi n'ont-ils pas pris au sérieux le message de l'Ange et n'ont-ils pas donné l'alerte plus tôt ? Des années plus tard, après avoir démissionné, Golda Meir expliquera que la succession de fausses alertes avait émoussé la vigilance des services secrets.

Après la guerre du Kippour, que devient l'Ange ? Pendant une dizaine d'années, il continue de travailler de manière épisodique pour le Mossad. Mais les enjeux ne sont plus les mêmes puisqu'en 1978, la paix entre l'Égypte et Israël est signée à Camp David.

En 1979, Ashraf Marwan change de vie. Il part vivre à Londres et se lance dans la finance. Spécialisé dans le rachat d'entreprises en difficulté, mais aussi dans la vente d'armes, cet homme d'affaires qui a pris des parts dans le club de football de Chelsea devient multimillionnaire. Tout semble aller bien pour l'ex-espion. Mais dans les années 1990, Ashraf Marwan est rattrapé par son passé : en Israël, les médias se mettent à parler de l'Ange, le mystérieux espion qui avait averti le pays du déclenchement de la guerre du Kippour et dont on ignore l'identité. Une polémique se déclenche, alimentée par le général Zeira qui, en 1973, n'avait pas cru aux alertes lancées par l'Ange. Mis en cause pour ne pas avoir réagi rapidement à la troisième alerte, Zeira affirme en 1993 que l'Ange a sciemment trompé Israël. Bientôt, le nom d'Ashraf Marwan est divulgué. Cette révélation, qui va à l'encontre de la règle absolue du secret des sources, est une catastrophe pour Marwan qui vit désormais dans la peur. Zvi Zamir, qui dirigeait le Mossad au moment des faits, accuse Zeira d'avoir violé un secret militaire. L'affaire est portée devant un tribunal. Le verdict tombe le 26 juin 2007, visible par tous sur Internet : le Mossad a été averti à la veille de la guerre par Ashraf Marwan. Désormais le monde entier sait ou peut savoir.

Le lendemain, le 27 juin 2007, Ashraf Marwan est retrouvé mort au pied de son immeuble à Londres. La police écarte vite les thèses de l'accident et du suicide, mais ne trouvera aucune preuve d'un assassinat. Au bout de trois ans d'enquête, l'affaire est classée. Pourtant, des témoins affirment avoir vu deux hommes « à l'allure moyen-orientale » contempler depuis le balcon le corps de Marwan au sol, avant de s'éclipser. Ces hommes ne seront jamais retrouvés.

En Israël, deux thèses continuent de s'opposer : ceux qui avec Zvi Zamir affirment que l'Ange était un parfait espion pro-israélien, un héros donc – et ceux qui, avec Zeira, sont certains qu'il était un agent double. Mais qui avait intérêt à tuer Ashraf Marwan ? Pour le Mossad, seuls les Égyptiens avaient une bonne raison de le faire. Marwan aurait donc payé de sa vie sa trahison envers sa patrie.

Curieusement, côté égyptien, Marwan est un héros national, le patriote qui a réussi à tromper Israël en 1973. Cette thèse officielle est énoncée par le président Moubarak lors des funérailles nationales de Marwan au Caire. À l'instigation de son pays, Marwan aurait fourni de vrais renseignements à l'ennemi dans le but de l'endormir, avant de procéder en 1973 à de fausses alertes pour n'avertir Israël de la vraie attaque que trop tard et à la mauvaise heure…

Pour sa veuve et pour son fils, il n'y a aucun doute : Ashraf Marwan a été assassiné par le Mossad. Où est la vérité ? En tout cas, aucun camp n'a intérêt à reconnaître qu'il a été floué par un agent ennemi. Des proches de Marwan ont affirmé qu'avant sa mort, il comptait faire éclater la vérité dans un livre sur sa carrière d'espion. Lorsque la police anglaise a fouillé son appartement, aucun manuscrit ni enregistrement n'ont été retrouvés. Ashraf Marwan, *alias* « l'Ange », avait-il des secrets embarrassants à révéler ? Embarrassants pour qui ?

Lexique

Abwehr : service de renseignement de l'armée allemande jusqu'en 1945.

ALN : Armée de libération nationale en Algérie, le bras armé du FLN.

BCRA : Bureau central de renseignements et d'action, services secrets de la France libre, créé à Londres en 1940.

Camp 020 : à Londres, le centre d'interrogatoire pour les agents allemands capturés en Grande-Bretagne pendant la Seconde Guerre mondiale. Dirigé par Robin Stephens, l'homme au monocle, surnommé « *Tin Eye* ».

CNR : Conseil national de la Résistance, constitué en mai 1943 pour coordonner les mouvements de Résistance.

DIA : Defense Intelligence Agency, l'agence américaine de renseignement militaire.

DGI : Direccion General de Inteligencia, services secrets cubains.

DST : Direction de la surveillance du territoire, service de renseignement chargé du contre-espionnage en France de 1944 à 2008.

FBI : le Federal Bureau of Investigation est aux États-Unis le principal service fédéral de police judiciaire, chargé aussi du contre-espionnage.

FLN : Front de libération nationale, parti indépendantiste algérien.

George Cross : décoration créée en 1940 par le roi britannique George VI pour récompenser les actes de courage et de bravoure des civils.

GRE : Groupe de renseignement et d'exploitation fondé par Paul-Alain Léger au sein de l'armée française pour mener des opérations contre les indépendantistes algériens.

Kempeitai : police militaire de l'armée impériale japonaise, surnommée la « Gestapo japonaise ».

KGB : Comité pour la sécurité de l'État, service de renseignement et police politique de l'URSS.

KPD : Kommunistische Partei Deutschlands. Le Parti communiste allemand fondé en 1918 est interdit après l'arrivée au pouvoir d'Hitler.

Main rouge : Dans les années 1950, cette organisation terroriste commet des attentats en Tunisie, au Maroc et en Algérie contre des partisans de l'indépendance. On découvre plus tard que la Main rouge servait de couverture au Service Action du SDECE.

Maquis du Vercors : base de la Résistance française sur le massif du Vercors, véritable forteresse naturelle, prise d'assaut par les Allemands en juillet 1944.

MI6 : le Military Intelligence, section 6, autrement appelé Secret Intelligence Service (SIS), est le service de renseignement extérieur du Royaume-Uni.

Mosquito : chasseur-bombardier britannique réputé pour son efficacité pendant la Seconde Guerre mondiale.

Mossad : service de renseignement israélien chargé du renseignement extérieur.

NIS : Naval Investigative Service, service de renseignement de la Marine américaine.

NKVD : police politique et service de renseignement de l'URSS de 1934 à 1946.

Radio Free Europe : radio anticommuniste financée par les États-Unis, basée en Allemagne, qui diffuse vers l'autre côté du Rideau de fer.

Okhrana : police secrète du tsar, instaurée à la fin du XIXe siècle.

SDECE : le Service de documentation extérieure et de contre-espionnage est le service de renseignement extérieur français de 1945 à 1982.

Securitate : surnom du Departamentul Securitatii Statului (département de la Sécurité de l'État), la police secrète roumaine.

SIS : Secret Intelligence Service, autre nom du MI6.

SOE : Special Operations Executive, service secret britannique créé par Churchill en juillet 1940 pour « mettre le feu à l'Europe ».

Stasi : police secrète de la République démocratique d'Allemagne.

STB : Státní bezpečnost (tchèque), services secrets de la République socialiste tchécoslovaque.

Tchéka : police politique russe créée en 1917 pour poursuivre les opposants au régime bolchevique.

V1 et V2 : fusées offensives mises au point par les Allemands, lancées à partir de 1944 sur Londres, Paris et Anvers.

Bibliographie

OUVRAGES GÉNÉRAUX

ANDREW, Christophe et Oleg GORDIEVSKY, *Le KGB dans le monde. 1917-1990*, Paris, Fayard, 1990.

ANDREW, Christopher et Vassili MITROKHINE, *Le KGB contre l'Ouest. 1917-1991*, Paris, Fayard, 2001 ; Paris, Nouveau Monde Éditions, 2025.

CLAIR, Jean-François, Michel GUÉRIN et Raymond NART, *La DST sur le front de la guerre froide*, Paris, Mareuil Éditions, 2022.

DENOËL, Yvonnick, *Le Livre noir de la CIA*, Paris, Nouveau Monde éditions, 2007, préface de Gordon Thomas.

KAUFFER, Rémi, *Histoire mondiale des services secrets*, Paris, Perrin, 2015 ; « Tempus », 2017.

KAUFFER, Rémi, *Les Maîtres de l'espionnage*, Paris, Perrin, 2017 ; « Tempus », 2020.

KAUFFER, Rémi, *1939-1945. La Guerre mondiale des services secrets*, Paris, Perrin, 2024.

KAUFFER, Rémi et Roger FALIGOT, *Histoire mondiale du renseignement*, Paris, Robert Laffont, 1993 et 1994, 2 vol.

KOZOVOÏ, Andreï, *Les Services secrets russes. Des tsars à Poutine*, Paris, Tallandier, 2010 ; « Texto », 2020.

LECOMTE, Bernard, *KGB. La Véritable Histoire des services secrets soviétiques*, Paris, Perrin, 2020.

PRADOS, John, *Histoire de la CIA*, Paris, Perrin, 2019 ; « Tempus », 2022.

THOMAS, Gordon, *Les Armes secrètes de la CIA. Tortures, manipulation et armes chimiques*, Paris, Nouveau Monde Éditions, 2006.

WALTON, Calder, *Spies: The Epic Intelligence War Between East and West*, Londres, Abacus Books, 2023.

MARTHE RICHARD

BETENFELD, Christophe, *Marthe Richard. Représentations et autoreprésentations d'une figure féminine de la société française du XXe siècle (1889-1982)*, thèse d'histoire contemporaine, université Bordeaux-Montaigne, 2022.

HENRY, Natacha, *Marthe Richard. L'aventurière des maisons closes*, Paris, La Librairie Vuibert, 2016.

FORCADE, Olivier et Maurice VAÏSSE (dir.), *Espionnage et renseignement pendant la Première guerre mondiale*, actes du colloque international organisé par l'Académie du renseignement le 26 novembre 2014, Paris, La Documentation française, 2017.

SIDNEY REILLY

COOK, Andrew, *Ace of Spies: The True Story of Sidney Reilly*, Cheltenham, The History Press, 2004.

LOCKHART, Robert H. Bruce, *Memoirs of a British Agent*, Londres, The Folio Society, [1932] 2003.

EDDIE CHAPMAN

CHAPMAN, Eddie, *Ma Fantastique Histoire*, traduit de l'anglais par Suzanne Sandry et Michel Talblot, Paris, Robert Laffont, 1967 ; Paris, Tallandier, « Texto », 2011.

MACINTYRE, Ben, *Agent Zigzag: The True Wartime Story of Eddie Chapman, Lover, Betrayer, Hero, Spy*, Londres, Bloomsbury, 2007.

URSULA KUCZYNSKI

MACINTYRE, Ben, *Agent Sonya. La plus grande espionne de la Russie soviétique*, Paris, Éditions de Fallois, 2020.

WERNER, Ruth, *Sonjas Rapport*, Rötha, Neues Leben (Eulenspiegel Verlagsgruppe), [1977] 2006. En anglais sous le titre *Sonia's Report*, Londres, Chatto & Windus, 1991.

KRYSTYNA SKARBEK

BINNEY, Marcus, *The Women who Lived for Danger: The Women Agents of SOE in the Second World War*, Londres, Hodder & Stoughton, 2002.

MULLEY, Clare, *The Spy Who Loved: The Secrets and Lives of Christine Granville*, Londres, Macmillan, 2012.

NOWICKI, Ron, *The Elusive Madame G: A Life of Christine Granville*, s. l., 2013.

COLONEL PASSY

ALBERTELLI, Sébastien, *Le Colonel Passy. Le maître espion du général de Gaulle*, Paris, Tallandier, 2023.
ALBERTELLI, Sébastien, *Les Services secrets du général de Gaulle. Le BCRA, 1940-1944*, Paris, Perrin, « Pour l'histoire », 2009.
TROUPLIN, Vladimir, « André Dewavrin-Passy », dans *Dictionnaire des compagnons de la Libération*, Bordeaux, Elytis, 2013.

MATEI HAIDUCU

HAIDUCU, Matei Pavel, *J'ai refusé de tuer. Un agent secret roumain révèle les dessous de l'affaire*, Paris, Plon, 1984.

JEAN CLÉMENTIN

JAUVERT, Vincent, « Il était journaliste et agent de l'Est : l'affaire Clémentin, l'espion qui venait du *Canard enchaîné* », *L'Obs*, 15 février 2022.
JAUVERT, Vincent, *À la solde de Moscou. Politiques, journalistes, hauts fonctionnaires… Révélations sur ces Français qui espionnaient pour l'Est*, Paris, Seuil, 2024.

RYSZARD KUKLINSKI

WEISER, Benjamin, *A Secret Life: The Polish Officer, His Covert Mission, and the Price He Paid to Save His Country*, New York, Public Affairs, 2004.

Clayton Lonetree

Barker, Rodney, *Dancing with the Devil: Sex, Espionage and the U.S. Marines: The Clayton Lonetree Story*, New York, Simon & Schuster, 1996.

Ana Montes

Popkin, Jim, *Code Name Blue Wren: The True Story of America's Most Dangerous Female Spy – and the Sister She Betrayed*, New York, Hanover Square Press, 2023.

Pham Xuan An

Pomonti, Jean-Claude, *Un Vietnamien bien tranquille*, Paris, Éditions des Équateurs, 2006.

Antoine Méléro

Méléro, Antoine et Jean-Émile Néaumet, *La Main rouge. L'armée secrète de la République*, Paris, Éditions du Rocher, 1997.

Nouzille, Vincent, *Les Tueurs de la République. Assassinats et opérations spéciales des services secrets*, Paris, Fayard, 2015.

Paul-Alain Léger

Léger, Paul-Alain, *Aux carrefours de la guerre*, Paris, Albin Michel, 1983.

Eli Cohen

Bergman, Ronan, *Lève-toi et tue le premier. L'histoire secrète des assassinats ciblés commandités par Israël*, Paris, Grasset, 2020.

Dan, Uri et Yeshayahu Ben Porat, *L'Espion qui venait d'Israël. L'affaire Eli Cohen*, Paris, Fayard 1967 ; 2020.

Ashraf Marwan

Bar-Joseph, Uri, *The Angel: The Egyptian Spy Who Saved Israel*, New York, Harper Collins, 2016.

Table

Introduction 7

MARTHE RICHARD. – Prostituée, aviatrice et espionne 11

SIDNEY REILLY. – Escroc, polygame et espion de Sa Majesté 25

EDDIE CHAPMAN. – L'agent double qui voulait assassiner Hitler 41

URSULA KUCZYNSKI. – Agent Sonja et les secrets de la bombe atomique 55

KRYSTYNA SKARBEK. – L'espionne préférée de Churchill 69

COLONEL PASSY. – André Dewavrin, l'espion du Général 83

MATEI HAIDUCU. – L'espion roumain qui refusa de tuer 97

JEAN CLÉMENTIN. – Journaliste du *Canard enchaîné* et agent du STB 111

RYSZARD KUKLINSKI. – L'agent qui livra les secrets du pacte de Varsovie à la CIA 127

CLAYTON LONETREE. – Espion du KGB par amour 143
ANA MONTES. – Espionne au service de Cuba 157
PHAM XUAN AN. – Journaliste et agent du Nord-Vietnam 171
ANTOINE MÉLÉRO. – Le bras armé du SDECE 185
PAUL-ALAIN LÉGER. – Para et espion au service de l'Algérie française 199
ELI COHEN. – Un agent israélien en Syrie 213
ASHRAF MARWAN. – Un Égyptien au service d'Israël 227

Lexique 241
Bibliographie 245

PEFC
10-31-1510
Certifié PEFC

Achevé d'imprimer en août 2025 par Corlet imprimeur
14110 Condé-en-Normandie

Réalisation : Nord Compo à Villeneuve-d'Ascq
Dépôt légal : octobre 2025
ISBN : 979 10 210 6488 1
Numéro d'impression : 25040612
Numéro d'édition : 5187
Imprimé en France